Index

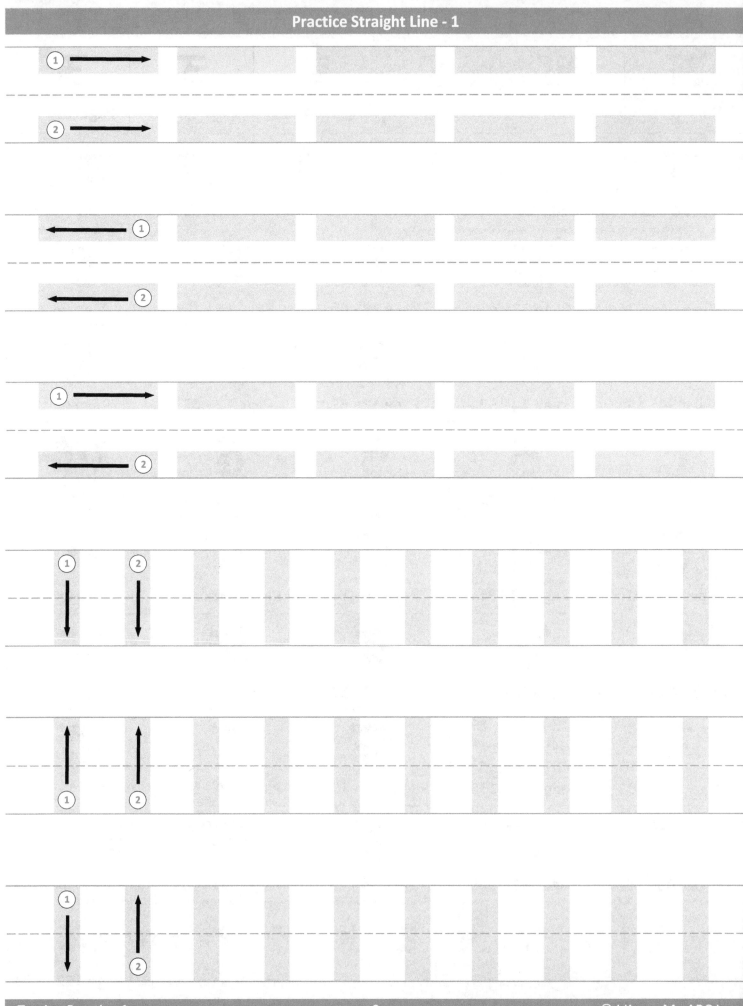

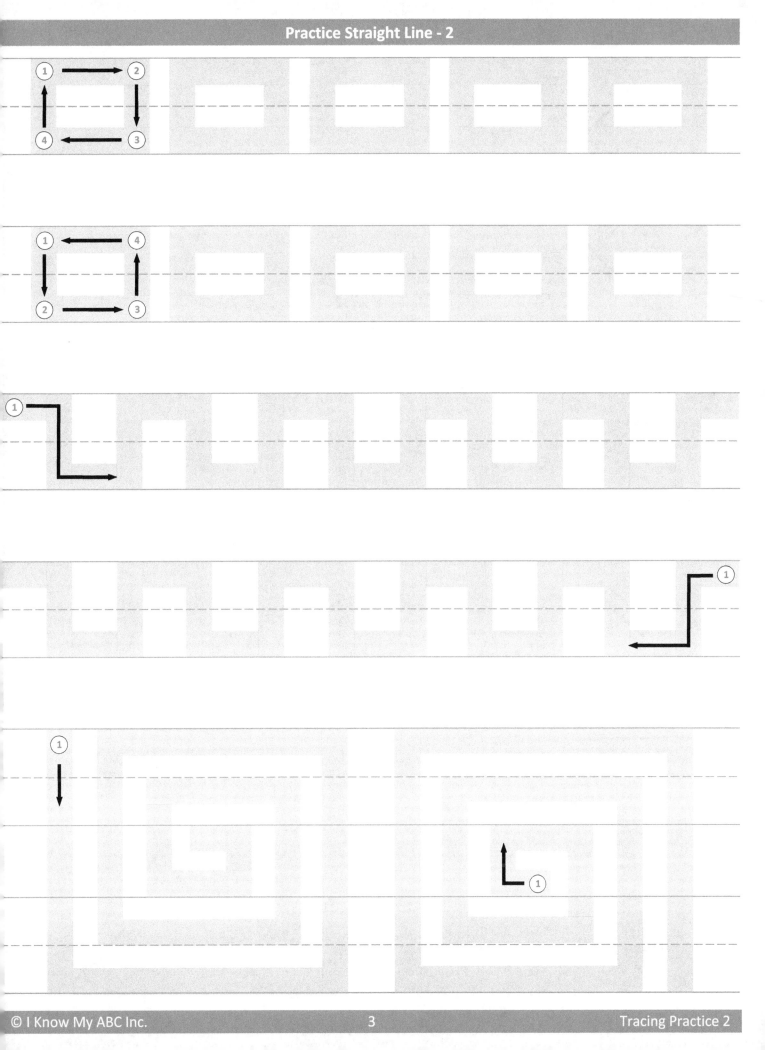

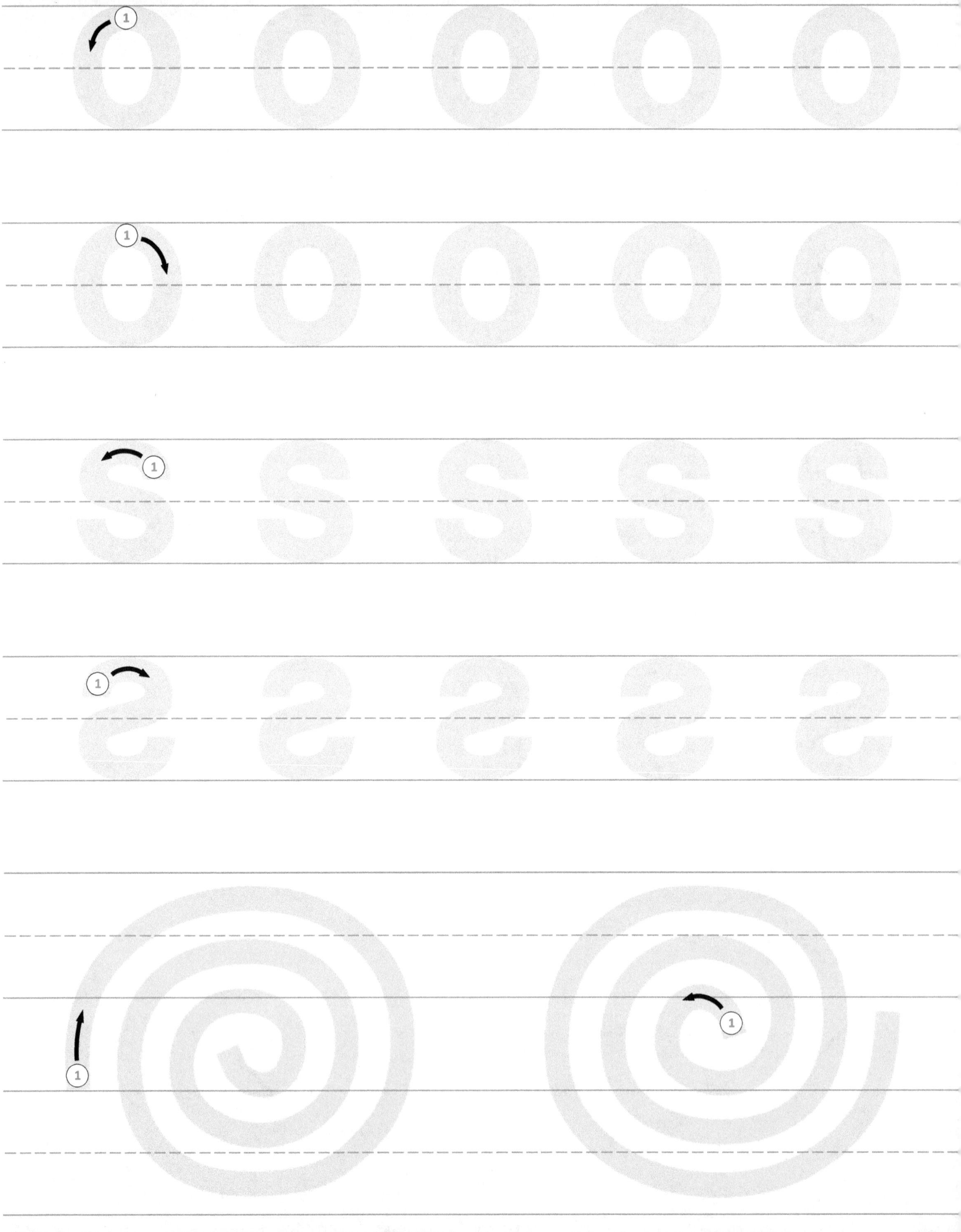

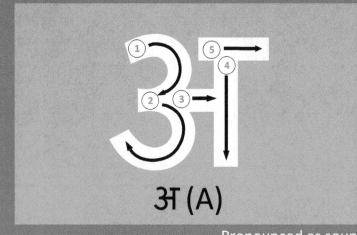

अ (A)

अनार/Anaara/Pomegranate

Pronounced as sound of " a " in " Ahead "

अ अ अ

अ अ

अ

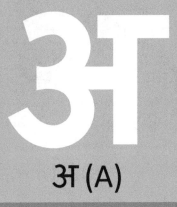

अ

अ (A)

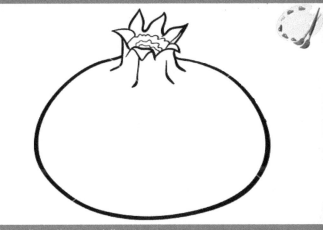

Pronounced as sound of " a " in " Metal "

अ अ अ

अ अ

अ

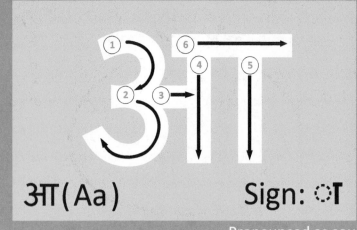

आ (Aa)

Sign: ा

आम/Aama/Mango

Pronounced as sound of " a " in " Cart "

आ आ आ

आ आ

आ

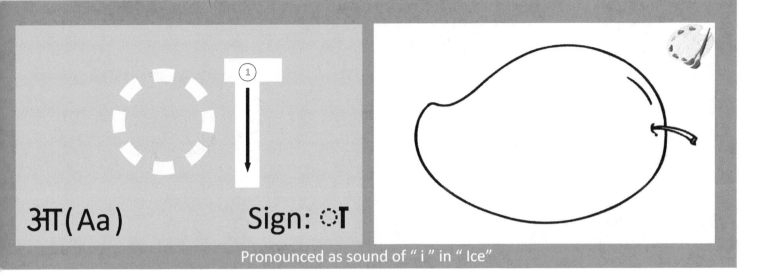

आ (Aa)

Sign: ा

Pronounced as sound of “ i ” in “ Ice”

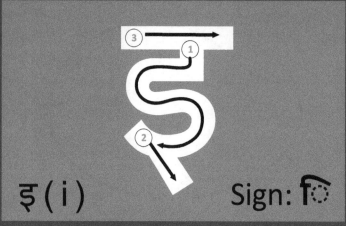

इ (i)

Sign: ि◌

इमली/Imalee/Tamarindo

Pronounced as sound of " i " in " Pencil "

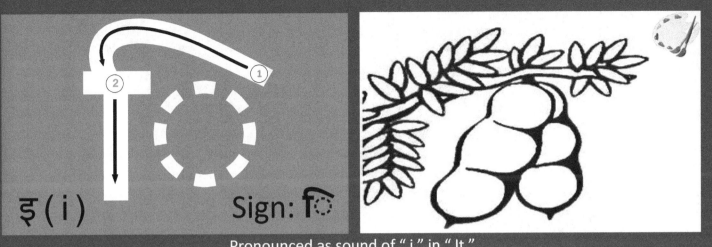

इ (i)

Sign: ि

Pronounced as sound of " i " in " It "

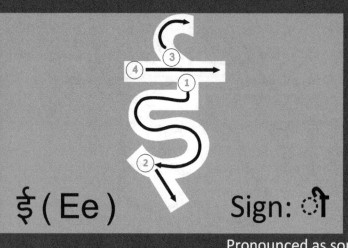

ई (Ee)

Sign: ी

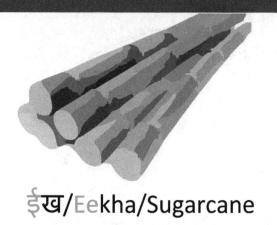

ईख/Eekha/Sugarcane

Pronounced as sound of " i " in " If "

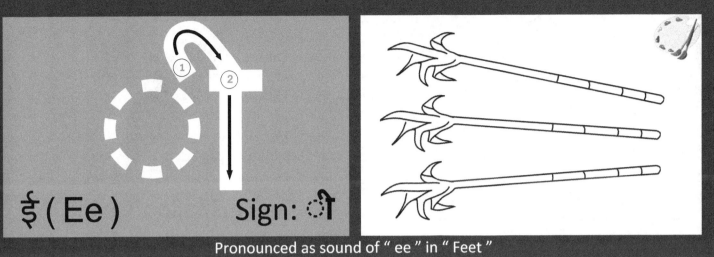

ई (Ee) Sign: ी

Pronounced as sound of " ee " in " Feet "

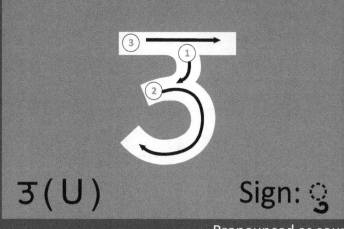

उ (U)　　　　　　Sign: ु

उल्लू/Ulloo/Owl

Pronounced as sound of " u " in " Push "

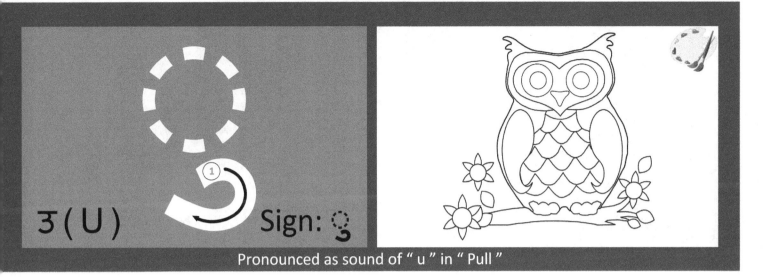

ਉ (U)

Sign: ◌ੁ

Pronounced as sound of " u " in " Pull "

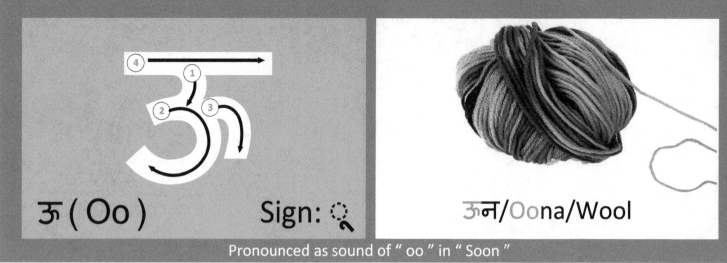

ऊ (Oo)

Sign: ू

ऊन/Oona/Wool

Pronounced as sound of " oo " in " Soon "

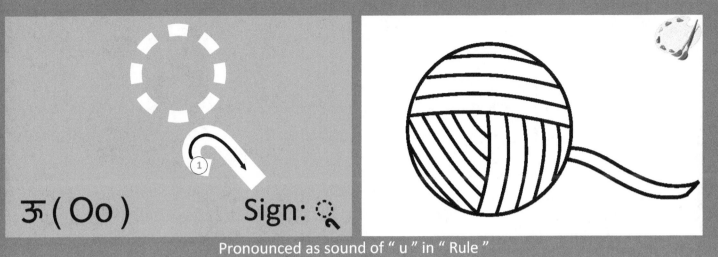

ऊ (Oo)

Sign: ◌ू

Pronounced as sound of " u " in " Rule "

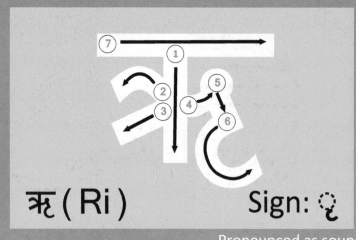

ऋ (Ri) Sign: ृ

ऋषि/Rishi/Saint

Pronounced as sound of " r " in " Riddle "

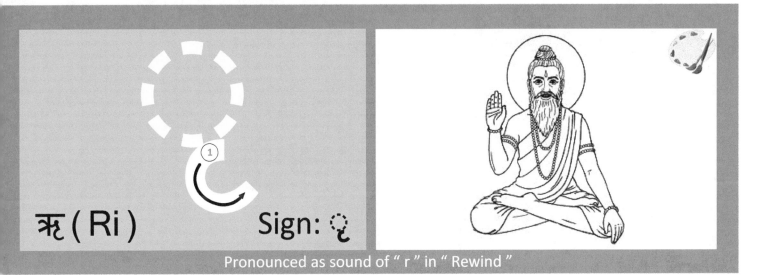

ऋ (Ri)

Sign: ृ

Pronounced as sound of " r " in " Rewind "

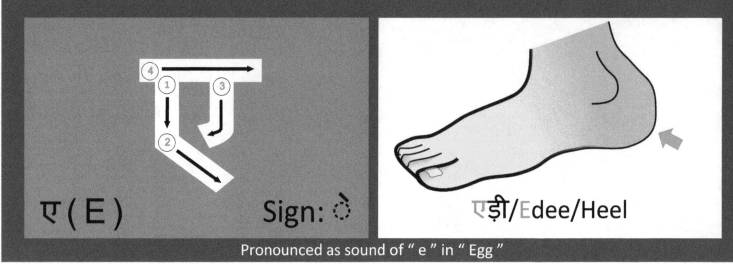

ए (E)

Sign: ◌े

एड़ी/Edee/Heel

Pronounced as sound of " e " in " Egg "

ए ए ए

ए ए

ए

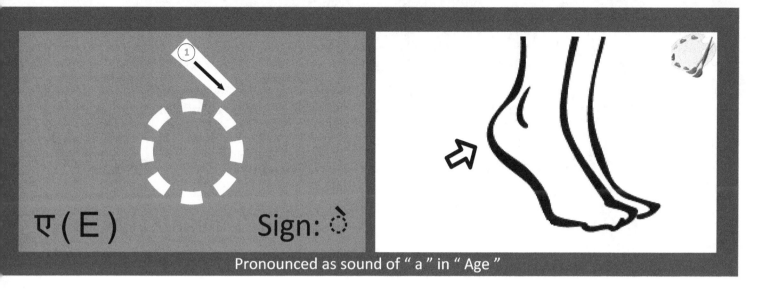

ए (E)

Sign: े

Pronounced as sound of “ a ” in “ Age ”

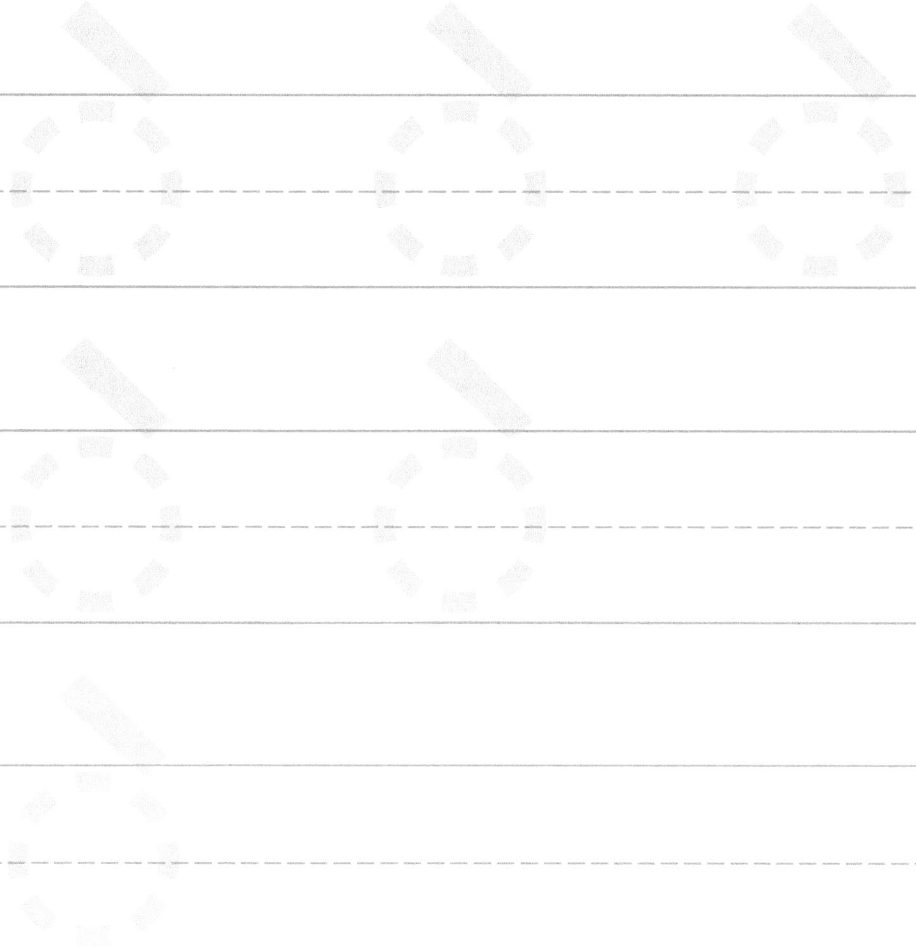

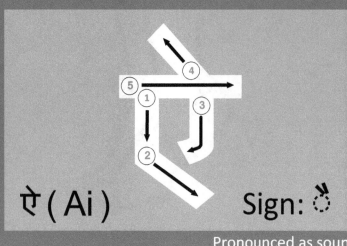

ऐ (Ai)   Sign: ◌ै

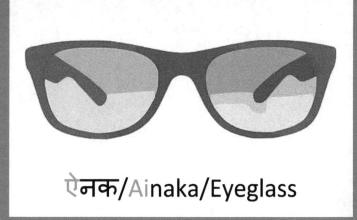

ऐनक/Ainaka/Eyeglass

Pronounced as sound of " a " in " Crane "

ऐ (Ai)　　　　Sign: ◌ै

Pronounced as sound of " a " in " Ace "

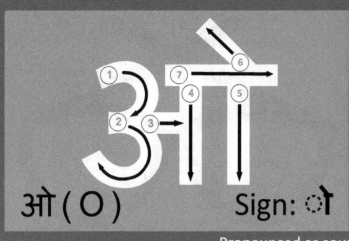

ओ (O)   Sign: ो

ओखली/Okhalee/Mortar

Pronounced as sound of " o " in " Low "

ओ (O)   Sign: ो

Pronounced as sound of " o " in " Go "

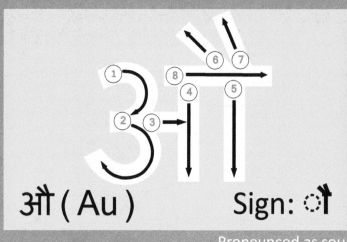

औ (Au)

Sign: ौ

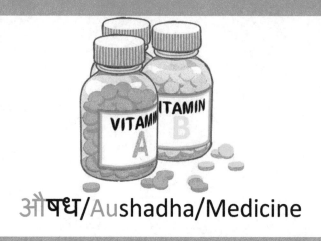

औषध/Aushadha/Medicine

Pronounced as sound of " o " in " Owl "

औ (Au)

Sign: ◌ौ

Pronounced as sound of " o " in " Cow "

अं (An)

Sign: ं

अंगूर/Angoora/Grape

Pronounced as sound of " an " in " Magician "

अं अं अं

अं अं

अं

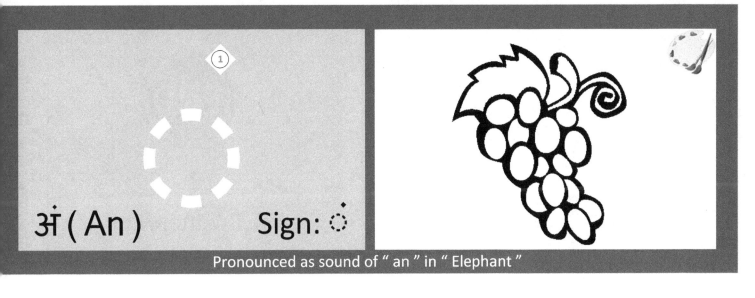

①

अं (An)

Sign: ं

Pronounced as sound of " an " in " Elephant "

अं अं अं

अं अं

अं

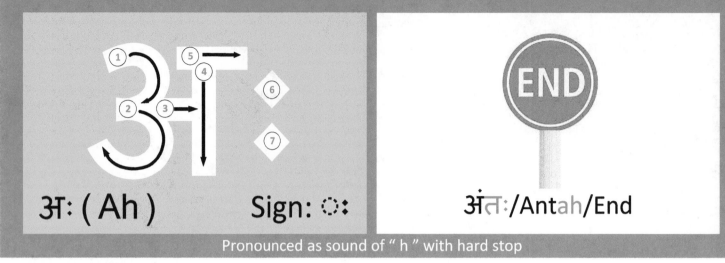

अः (Ah)　　　Sign: ◌ः

अंतः/Antah/End

Pronounced as sound of " h " with hard stop

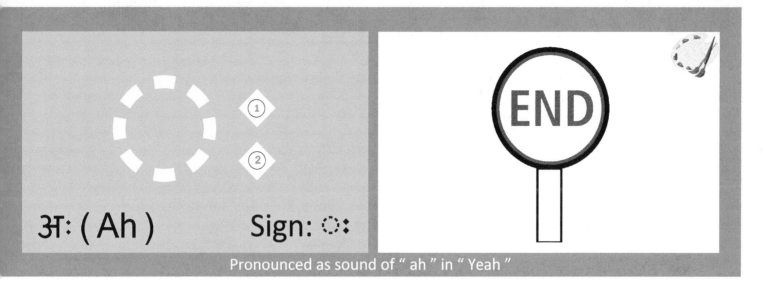

अः (Ah) Sign: ◌ः

Pronounced as sound of " ah " in " Yeah "

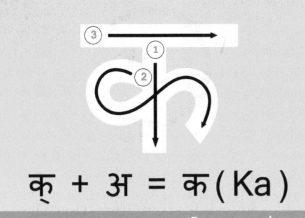

क् + अ = क (Ka)

कबूतर/Kabutara/Pigeon

Pronounced as sound of " k " in " Karate "

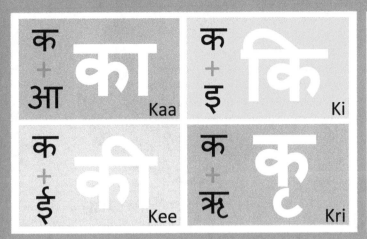

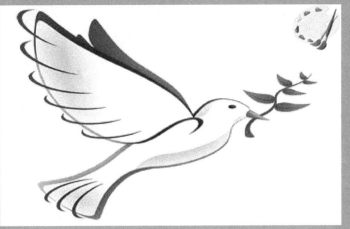

क + आ **का** Kaa	क + इ **कि** Ki
क + ई **की** Kee	क + ऋ **कृ** Kri

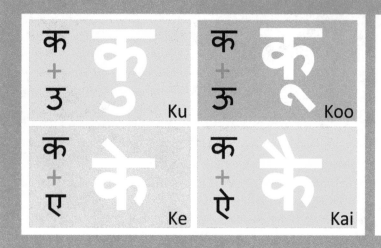

क + उ	कु Ku	क + ऊ	कू Koo
क + ए	के Ke	क + ऐ	कै Kai

केला/Kelaa/Banana

| क + ओ | को Ko | क + औ | कौ Kau |
| क + अं | कं Kan | क + अः | कः Kah |

37

Consonant + Vowel - को, कौ, कं, कः

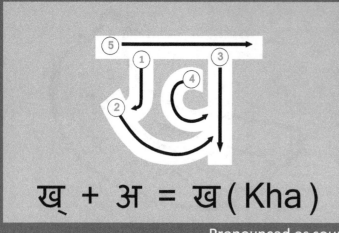

ख् + अ = ख (Kha)

खरगोश/Kharagosha/Rabbit

Pronounced as sound of " kh " in " Khaki "

ख   ख   ख

ख   ख

ख

ख + आ	खा Khaa
ख + इ	खि Khi
ख + ई	खी Khee
ख + ऋ	खृ Khri

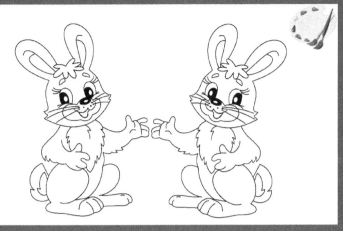

खा खा

खि खि

खी खी

खृ खृ

ख + उ **खु** Khu	ख + ऊ **खू** Khoo
ख + ए **खे** Khe	ख + ऐ **खै** Khai

खजाना/Khajaanaa/Treasure

खु खु

खू खू

खे खे

खै खै

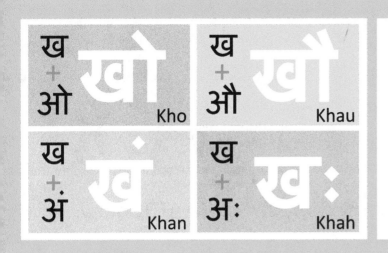

ख + ओ **खो** Kho

ख + औ **खौ** Khau

ख + ं **खं** Khan

ख + अः **खः** Khah

खो खो

खौ खौ

खं खं

खः खः

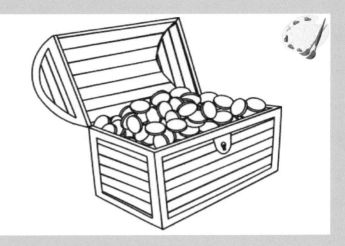

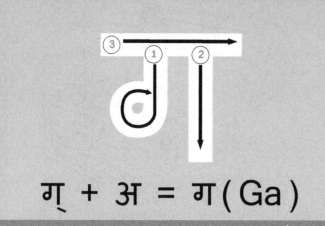

ग् + अ = ग (Ga)

गधा/Gadhaa/Donkey

Pronounced as sound of " g " in " Gum "

ग ग ग

ग ग

ग

ग + आ	गा Gaa	ग + इ	गि Gi
ग + ई	गी Gee	ग + ऋ	गृ Gri

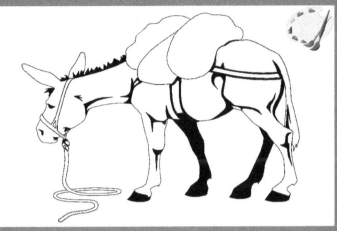

गा गा

गि गि

गी गी

गृ गृ

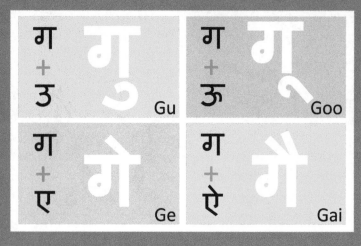

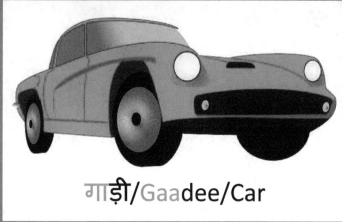

ग + उ = गु Gu	ग + ऊ = गू Goo
ग + ए = गे Ge	ग + ऐ = गै Gai

गाड़ी/Gaadee/Car

गु गु

गू गू

गे गे

गै गै

ग + ओ	गो Go	ग + औ	गौ Gau
ग + अं	गं Gan	ग + अः	गः Gah

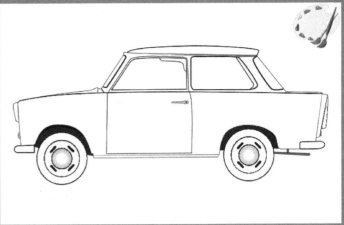

गो गो

गौ गौ

गं गं

गः गः

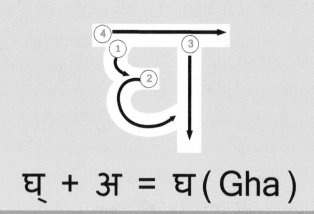

घ् + अ = घ (Gha)

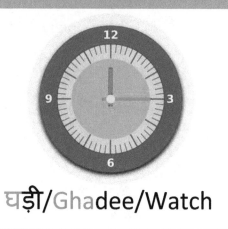

घड़ी/Ghadee/Watch

Pronounced as sound of “ gh ” in “ Ghost ”

घ + आ **घा** Ghaa	घ + इ **घि** Ghi
घ + ई **घी** Ghee	घ + ऋ **घृ** Ghri

घा घा

घि घि

घी घी

घृ घृ

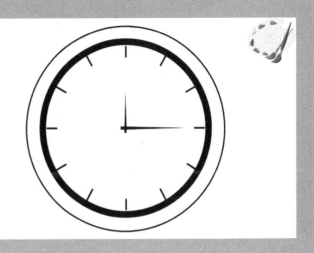

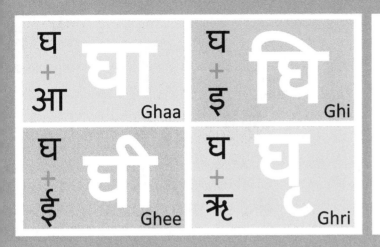

| घ
+
उ | घु
Ghu | घ
+
ऊ | घू
Ghoo |
| घ
+
ए | घे
Ghe | घ
+
ऐ | घै
Ghai |

घर/Ghara/Home

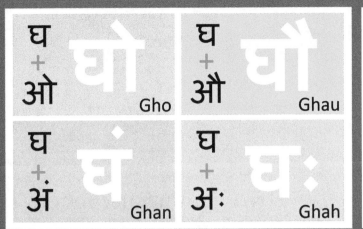

घ
+
ओ
घो
Gho

घ
+
औ
घौ
Ghau

घ
+
अं
घं
Ghan

घ
+
अः
घः
Ghah

घो घो

घौ घौ

घं घं

घः घः

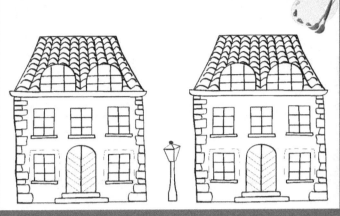

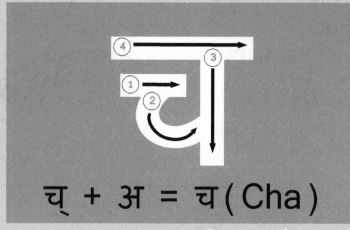

च् + अ = च (Cha)

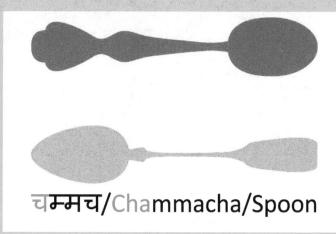

चम्मच/Chammacha/Spoon

Pronounced as sound of " ch " in " Church "

च च च

च च

च

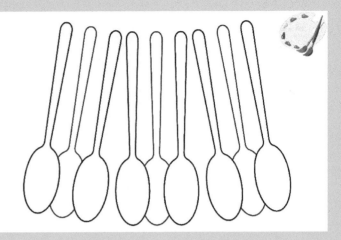

| च + आ | चा Chaa | च + इ | चि Chi |
| च + ई | ची Chee | च + ऋ | चृ Chri |

चा चा

चि चि

ची ची

चृ चृ

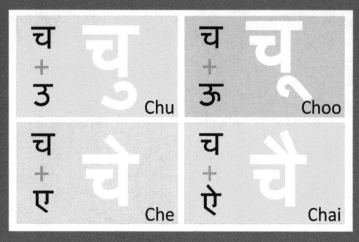

च + उ = चु Chu

च + ऊ = चू Choo

च + ए = चे Che

च + ऐ = चै Chai

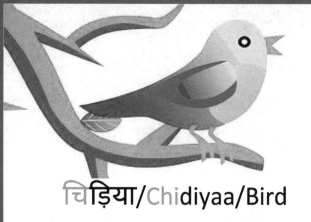

चिड़िया/Chidiyaa/Bird

चु चु

चू चू

चे चे

चै चै

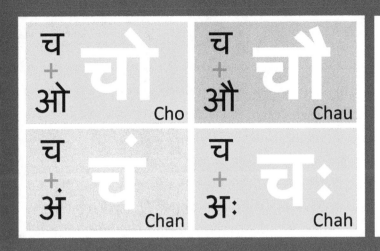

च + ओ **चो** Cho	च + औ **चौ** Chau
च + अं **चं** Chan	च + अः **चः** Chah

चो चो

चौ चौ

चं चं

चः चः

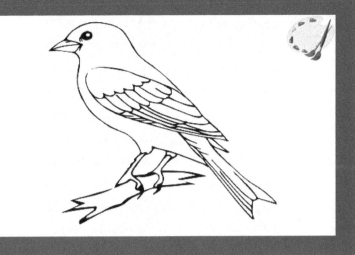

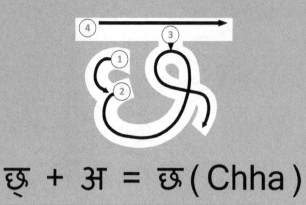

छ् + अ = छ (Chha)

छतरी/Chhataree/Umbrella

च is said with no aspiration/puff of breath when you say it. छ is the same, except said with aspiration.

छ + आ **छा** Chhaa	छ + इ **छि** Chhi
छ + ई **छी** Chhee	छ + ऋ **छृ** Chhri

छा छा

छि छि

छी छी

छृ छृ

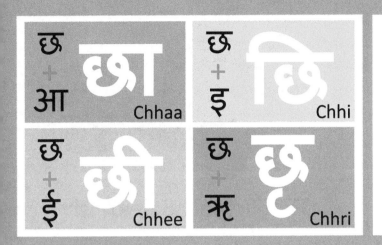

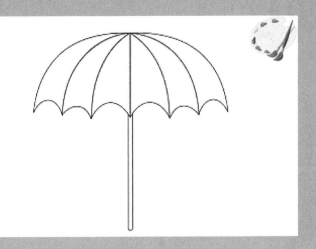

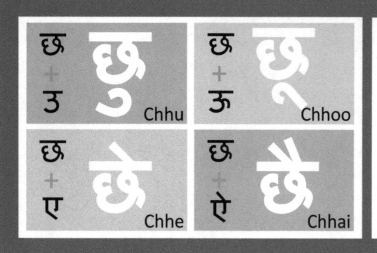

छ + उ = छु Chhu	छ + ऊ = छू Chhoo
छ + ए = छे Chhe	छ + ऐ = छै Chhai

मछली/Machhalee/Fish

छु छु

छू छू

छे छे

छै छै

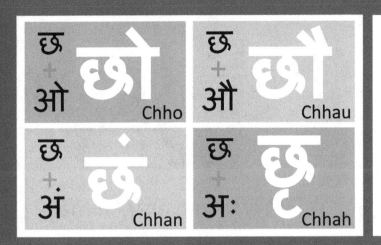

छ + ओ **छो** Chho	छ + औ **छौ** Chhau
छ + अं **छं** Chhan	छ + अः **छः** Chhah

छो छो

छौ छौ

छं छं

छः छः

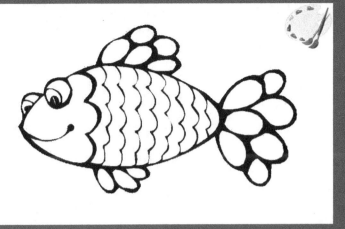

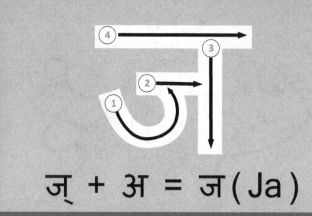

ज् + अ = ज (Ja)

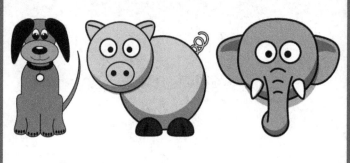

जानवर/Jaanavara/Animal

Pronounced as sound of “ j ” in “ Jug ”

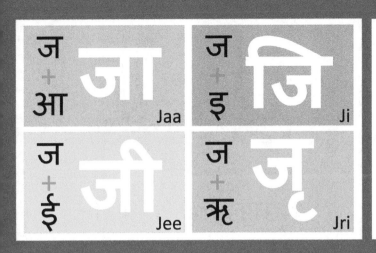

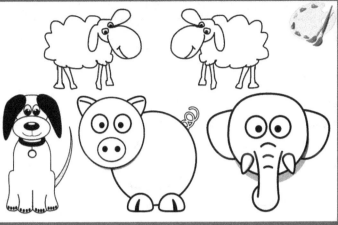

ज + आ	जा	Jaa	
ज + इ	जि	Ji	
ज + ई	जी	Jee	
ज + ऋ	जृ	Jri	

जा जा

जि जि

जी जी

जृ जृ

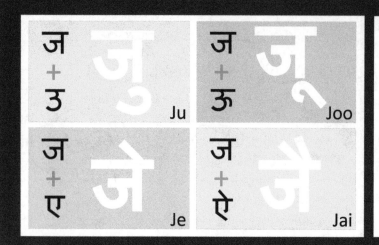

ज + उ = जु Ju

ज + ऊ = जू Joo

ज + ए = जे Je

ज + ऐ = जै Jai

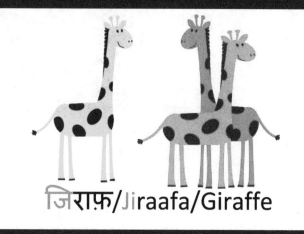

जिराफ़/Jiraafa/Giraffe

जु जु

जू जू

जे जे

जै जै

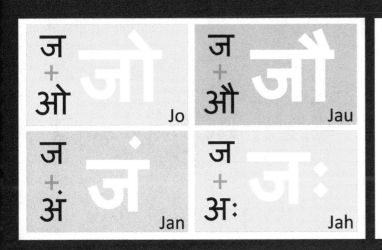

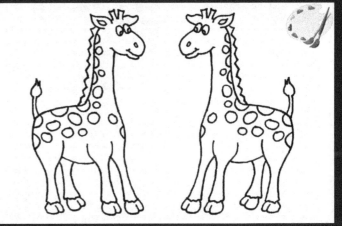

ज + ओ **जो** Jo	ज + औ **जौ** Jau
ज + अं **जं** Jan	ज + अः **जः** Jah

जो जो

जौ जौ

जं जं

जः जः

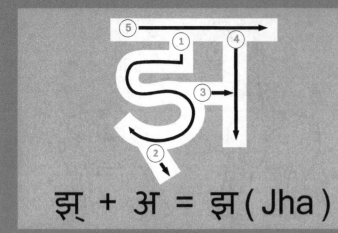

झ् + अ = झ (Jha)

झंडा/Jhandaa/Flag

Pronounced as sound of " dge " in " Dodge "

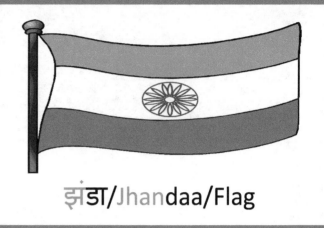

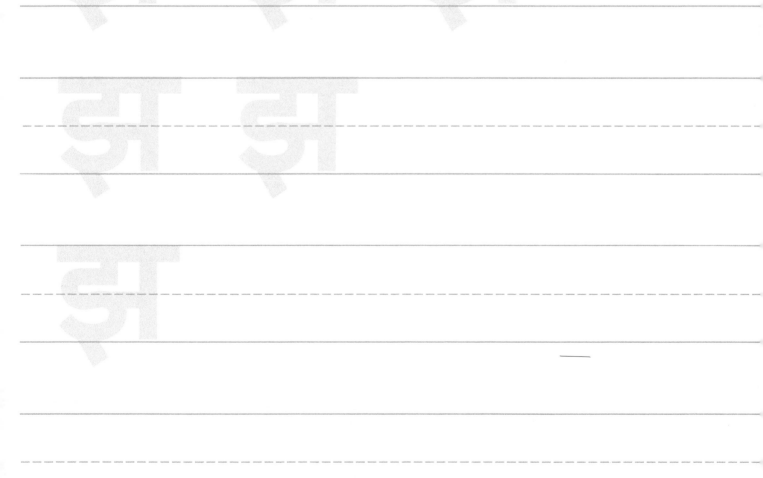

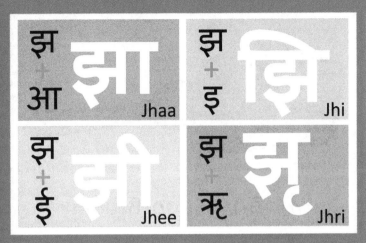

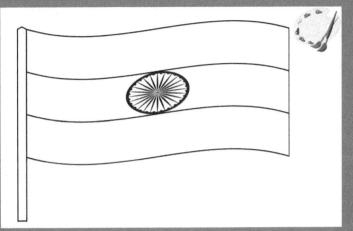

| झ + आ | झा Jhaa | झ + इ | झि Jhi |
| झ + ई | झी Jhee | झ + ऋ | झृ Jhri |

झा झा

झि झि

झी झी

झृ झृ

Consonant + Vowel - झा, झि, झी, झृ

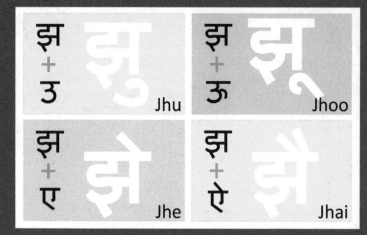

झ + उ झु Jhu	झ + ऊ झू Jhoo
झ + ए झे Jhe	झ + ऐ झै Jhai

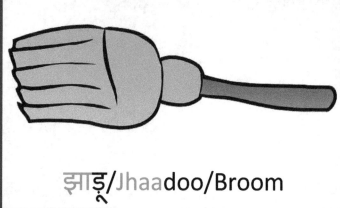

झाड़ू/Jhaadoo/Broom

झु झु

झू झू

झे झे

झै झै

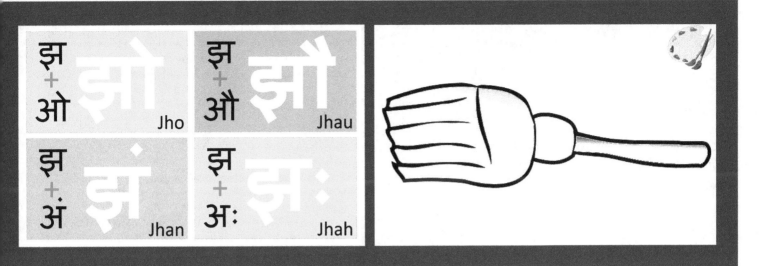

झ + ओ **झो** Jho	झ + औ **झौ** Jhau
झ + अं **झं** Jhan	झ + अः **झः** Jhah

झो झो

झौ झौ

झं झं

झः झः

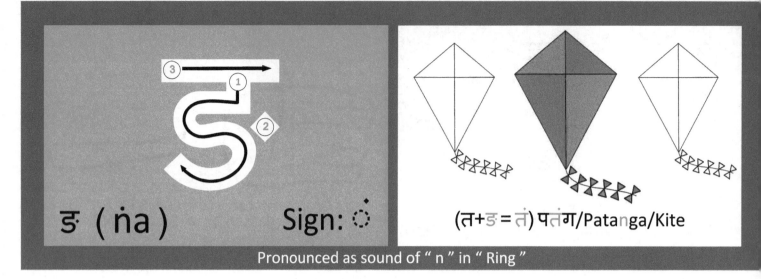

ङ (ṅa)　　Sign: ◌ं

(त+ङ = तं) पतंग/Patanga/Kite

Pronounced as sound of " n " in " Ring "

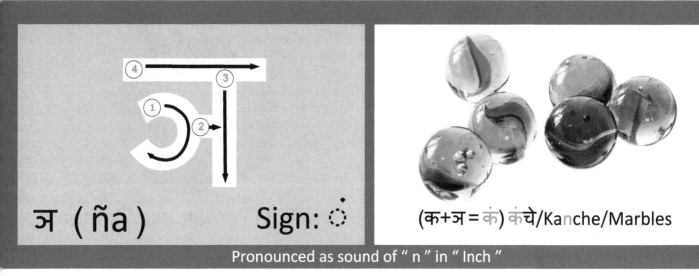

ञ (ña)　Sign: ○ं

(क+ञ = कं) कंचे/Kanche/Marbles

Pronounced as sound of " n " in " Inch "

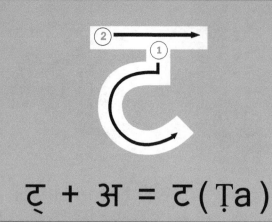

ट् + अ = ट (Ṭa)

टमाटर/Tamaatara/Tomato

Pronounced as sound of " t " in " Tub "

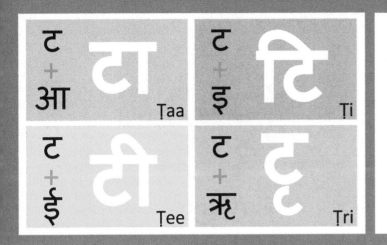

ट + आ **टा** Ṭaa	ट + इ **टि** Ṭi
ट + ई **टी** Ṭee	ट + ऋ **टृ** Ṭri

टा टा

टि टि

टी टी

टृ टृ

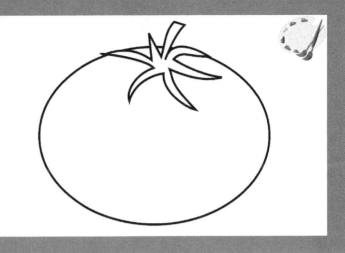

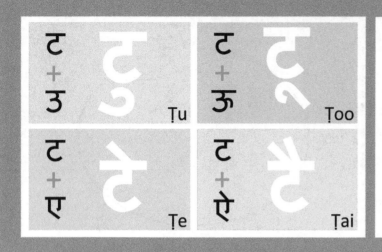

ट + उ = टु Ṭu	ट + ऊ = टू Ṭoo
ट + ए = टे Ṭe	ट + ऐ = टै Ṭai

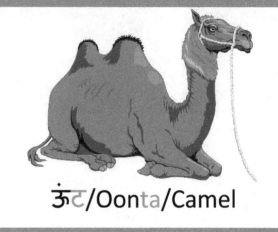

ऊंट/Oonta/Camel

टु टु

टू टू

टे टे

टै टै

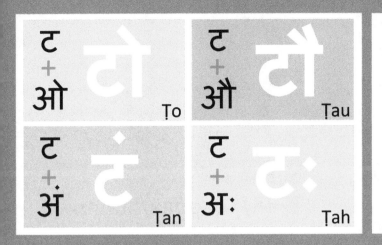

ट + ओ = टो Ṭo	ट + औ = टौ Ṭau
ट + अं = टं Ṭan	ट + अः = टः Ṭah

टो टो

टौ टौ

टं टं

टः टः

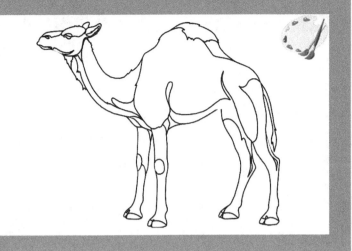

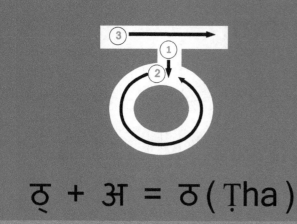

ठ् + अ = ठ (Ṭha)

ठप्पा/Thappaa/Stamp

Pronounced as sound of " th " in "Thomas"

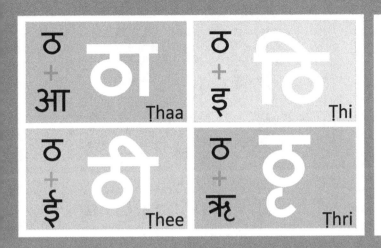

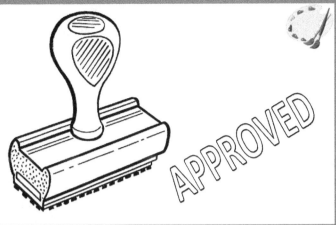

ठ + आ = ठा Ṭhaa

ठ + इ = ठि Ṭhi

ठ + ई = ठी Ṭhee

ठ + ऋ = ठृ Ṭhri

ठा ठा

ठि ठि

ठी ठी

ठृ ठृ

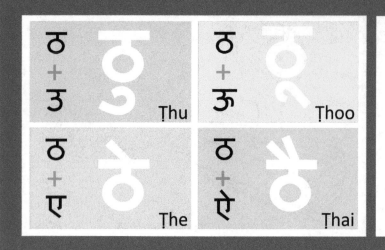

ਠ + ਉ	ਠੁ _{Ṭhu}	ਠ + ਊ	ਠੂ _{Ṭhoo}
ਠ + ਏ	ਠੇ _{Ṭhe}	ਠ + ਐ	ਠੈ _{Ṭhai}

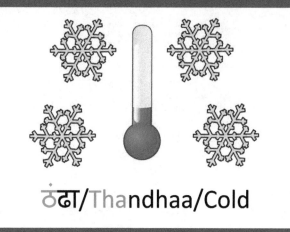

ਠੰਢਾ/Thandhaa/Cold

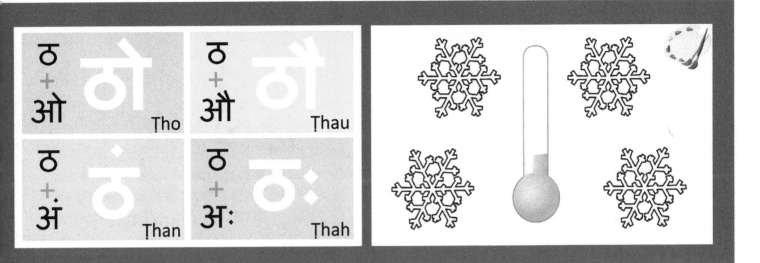

ठ + ओ	ठो Ṭho
ठ + औ	ठौ Ṭhau
ठ + अं	ठं Ṭhan
ठ + अः	ठः Ṭhah

ठो ठो

ठौ ठौ

ठं ठं

ठः ठः

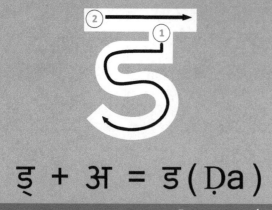

ड् + अ = ड (Ḍa)

डाक/Daaka/Post

Pronounced as sound of “ d ” in “Done”

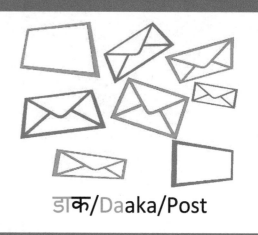

ड + आ = डा Ḍaa

ड + इ = डि Ḍi

ड + ई = डी Ḍee

ड + ऋ = डृ Ḍri

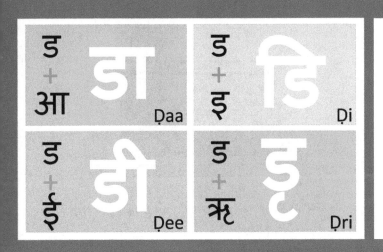

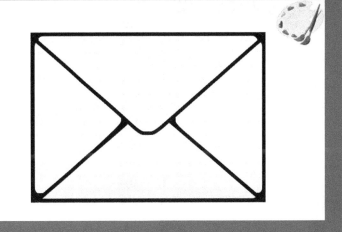

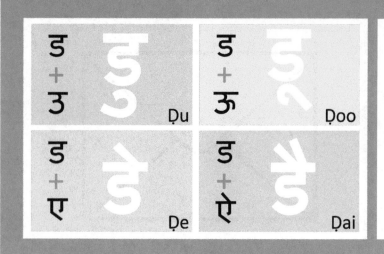

ड + उ डु Ḍu

ड + ऊ डू Ḍoo

ड + ए डे Ḍe

ड + ऐ डै Ḍai

डाक घर/Daaka ghara/Post office

डु डु

डू डू

डे डे

डै डै

| ड + ओ | डो Ḍo | ड + औ | डौ Ḍau |
| ड + अं | डं Ḍan | ड + अः | डः Ḍah |

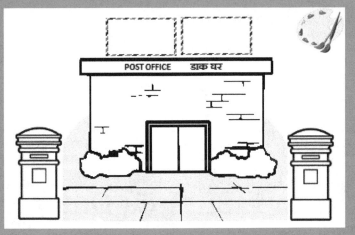

POST OFFICE डाक घर

डो डो

डौ डौ

डं डं

डः डः

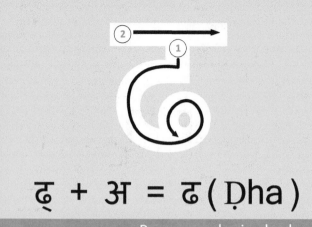

ढ् + अ = ढ (Ḍha)

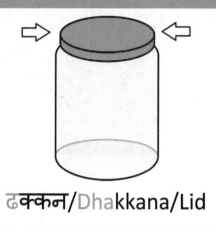

ढक्कन/Dhakkana/Lid

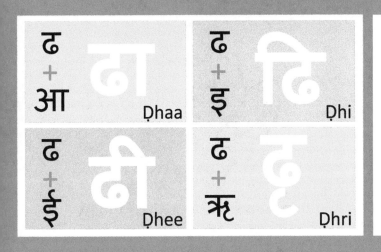

ढ + आ = ढा Ḍhaa

ढ + इ = ढि Ḍhi

ढ + ई = ढी Ḍhee

ढ + ऋ = ढृ Ḍhri

ढा ढा

ढि ढि

ढी ढी

ढृ ढृ

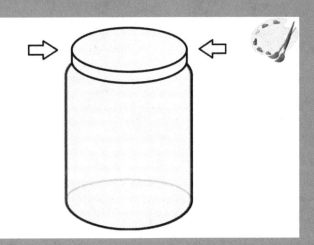

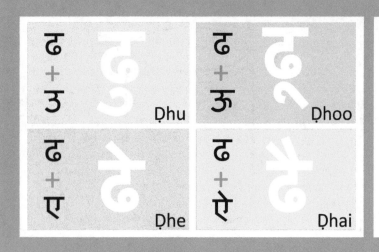

ढ + उ = ढु Ḍhu

ढ + ऊ = ढू Ḍhoo

ढ + ए = ढे Ḍhe

ढ + ऐ = ढै Ḍhai

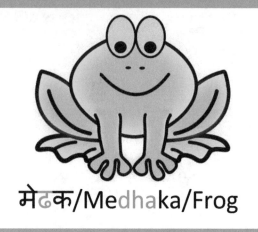

मेढक/Medhaka/Frog

ढ + ओ ढो Ḍho	ढ + औ ढौ Ḍhau
ढ + अं ढं Ḍhan	ढ + अः ढः Ḍhah

ढो ढो

ढौ ढौ

ढं ढं

ढः ढः

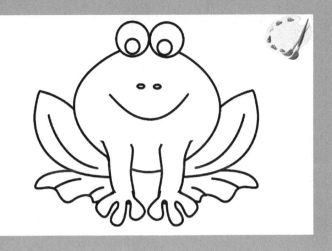

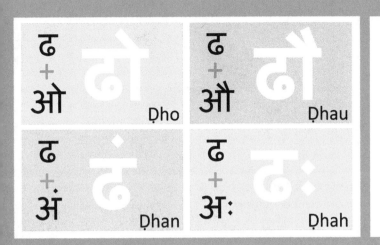

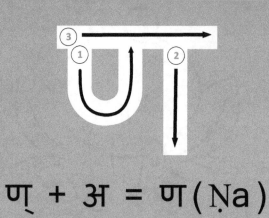

ण् + अ = ण (Ṇa)

बाण/Baana/Arrow

Pronounced as sound of "n" using middle palate

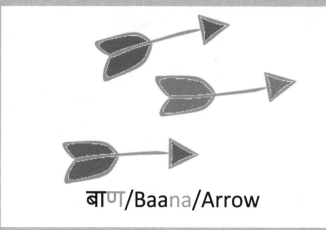

ण + आ	णा Ṇaa	ण + इ	णि Ṇi
ण + ई	णी Ṇee	ण + ऋ	णृ Ṇri

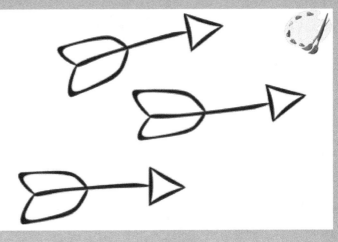

णा णा

णि णि

णी णी

णृ णृ

Consonant + Vowel - णा, णि, णी, णृ

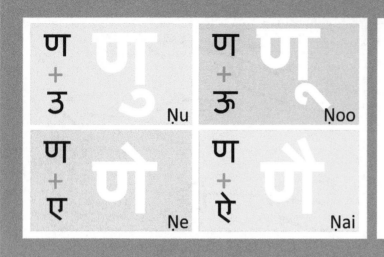

ण + उ = णु (Ṇu)	ण + ऊ = णू (Ṇoo)
ण + ए = णे (Ṇe)	ण + ऐ = णै (Ṇai)

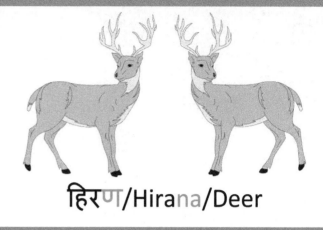

हिरण/Hirana/Deer

णु णु

णू णू

णे णे

णै णै

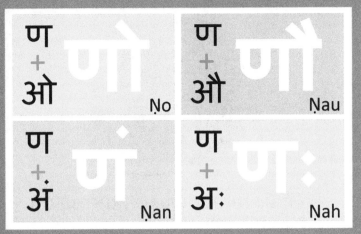

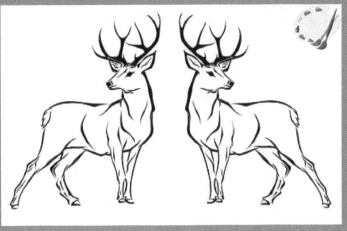

ण + ओ **णो** Ṇo	ण + औ **णौ** Ṇau
ण + अं **णं** Ṇan	ण + अः **णः** Ṇah

णो णो

णौ णौ

णं णं

णः णः

Consonant + Vowel - णो, णौ, णं, णः

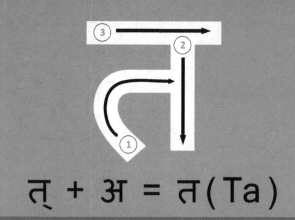

त् + अ = त (Ta)

तरबूज/Tarabooja/Watermelon

Pronounced as sound of " ta " in " Dental "

त त त

त त

त

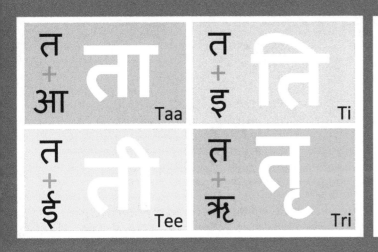

त + आ **ता** Taa	त + इ **ति** Ti
त + ई **ती** Tee	त + ऋ **तृ** Tri

ता ता

ति ति

ती ती

तृ तृ

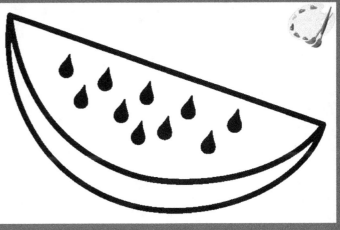

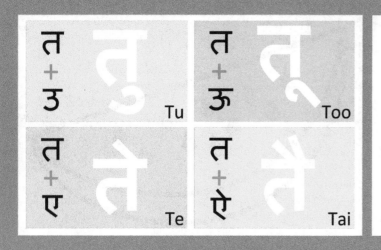

त + उ = तु Tu	त + ऊ = तू Too
त + ए = ते Te	त + ऐ = तै Tai

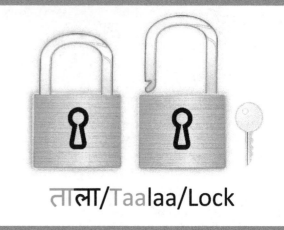

ताला/Taalaa/Lock

तु तु

तू तू

ते ते

तै तै

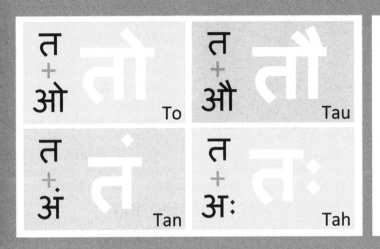

त + ओ तो To

त + औ तौ Tau

त + अं तं Tan

त + अः तः Tah

तो तो

तौ तौ

तं तं

तः तः

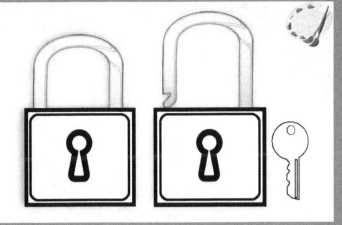

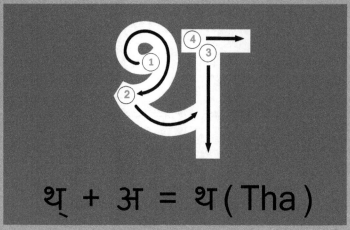

थ् + अ = थ (Tha)

थाली/Thaalee/Plate

Pronounced as sound of " th " in " Thumb "

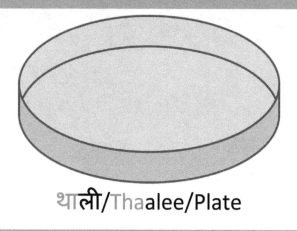

थ थ थ

थ थ

थ

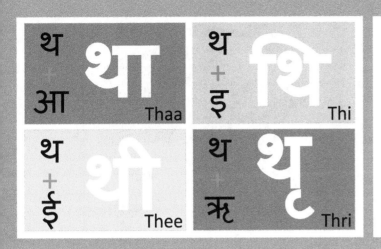

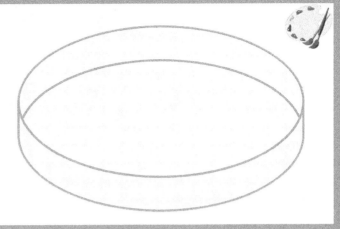

थ + आ **था** Thaa	थ + इ **थि** Thi
थ + ई **थी** Thee	थ + ऋ **थृ** Thri

था था

थि थि

थी थी

थृ थृ

थ + उ थु Thu	थ + ऊ थू Thoo
थ + ए थे The	थ + ऐ थै Thai

हाथी/Haathee/Elephant

थु थु

थू थू

थे थे

थै थै

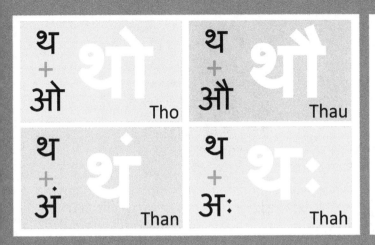

थ + ओ = थो Tho	थ + औ = थौ Thau
थ + अं = थं Than	थ + अः = थः Thah

थो थो

थौ थौ

थं थं

थः थः

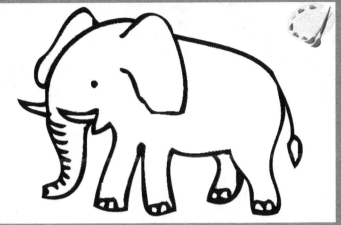

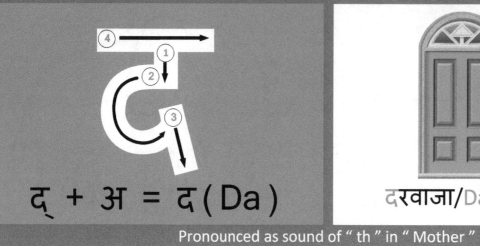

द् + अ = द (Da)

दरवाजा/Daravaajaa/Door

Pronounced as sound of " th " in " Mother "

द + आ = **दा** Daa	द + इ = **दि** Di
द + ई = **दी** Dee	द + ऋ = **दृ** Dri

दा दा

दि दि

दी दी

दृ दृ

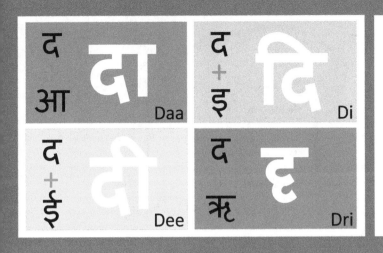

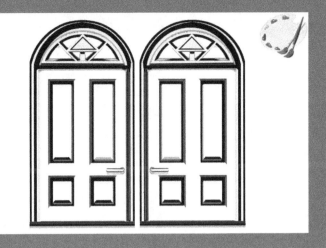

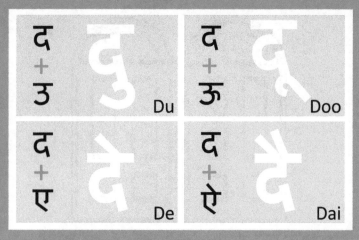

द + उ दु Du

द + ऊ दू Doo

द + ए दे De

द + ऐ दै Dai

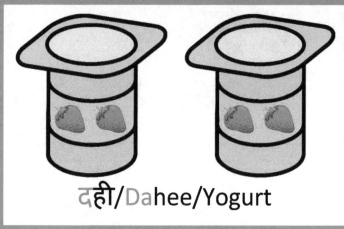

दही/Dahee/Yogurt

दु दु

दू दू

दे दे

दै दै

द + ओ	दो Do	द + औ	दौ Dau
द + अं	दं Dan	द + अः	दः Dah

दो दो

दौ दौ

दं दं

दः दः

Consonant + Vowel - दो, दौ, दं, दः

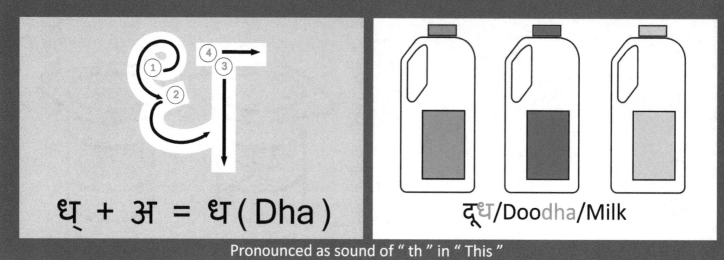

ध् + अ = ध (Dha)

दूध/Doodha/Milk

Pronounced as sound of " th " in " This "

ध ध ध

ध ध

ध

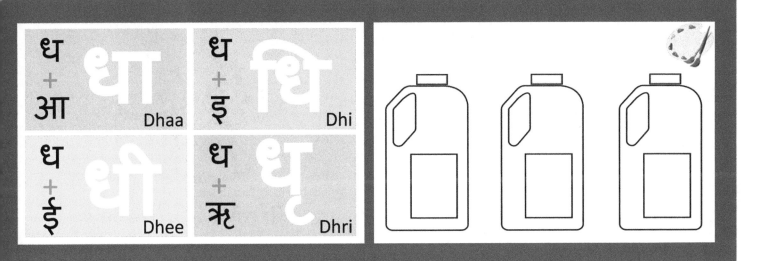

ध + आ	धा Dhaa	ध + इ	धि Dhi
ध + ई	धी Dhee	ध + ऋ	धृ Dhri

धा धा

धि धि

धी धी

धृ धृ

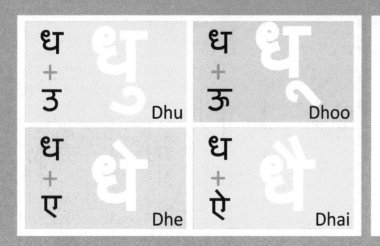

ध + उ धु Dhu	ध + ऊ धू Dhoo
ध + ए धे Dhe	ध + ऐ धै Dhai

मधु/Madhu/Honey

धु धु

धू धू

धे धे

धै धै

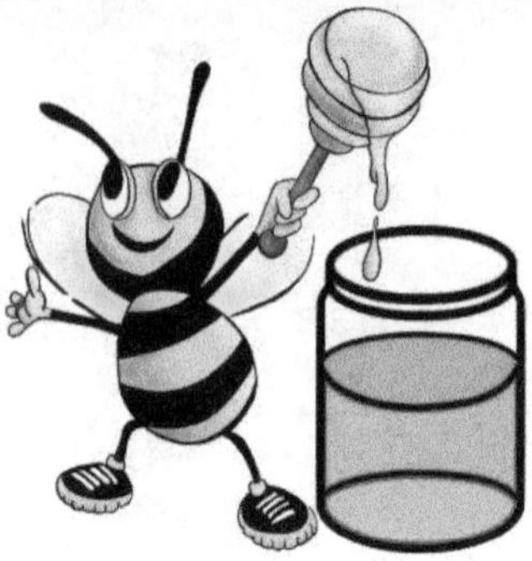

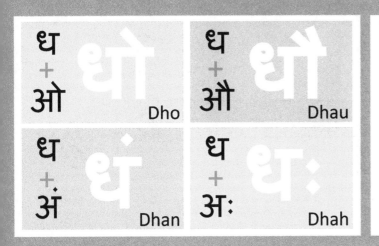

ध + ओ	धो Dho	ध + औ	धौ Dhau
ध + अं	धं Dhan	ध + अः	धः Dhah

धो धो

धौ धौ

धं धं

धः धः

Consonant + Vowel - धो, धौ, धं, धः

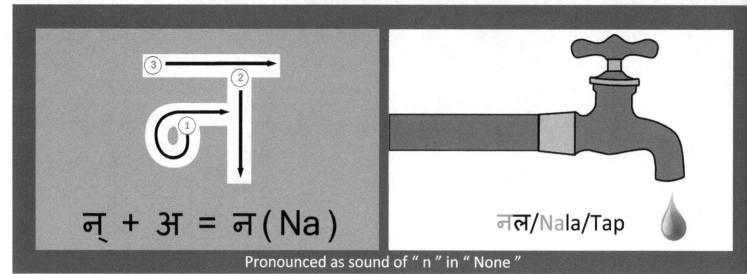

न् + अ = न (Na)

नल/Nala/Tap

Pronounced as sound of “ n ” in “ None ”

न न न

न न

न

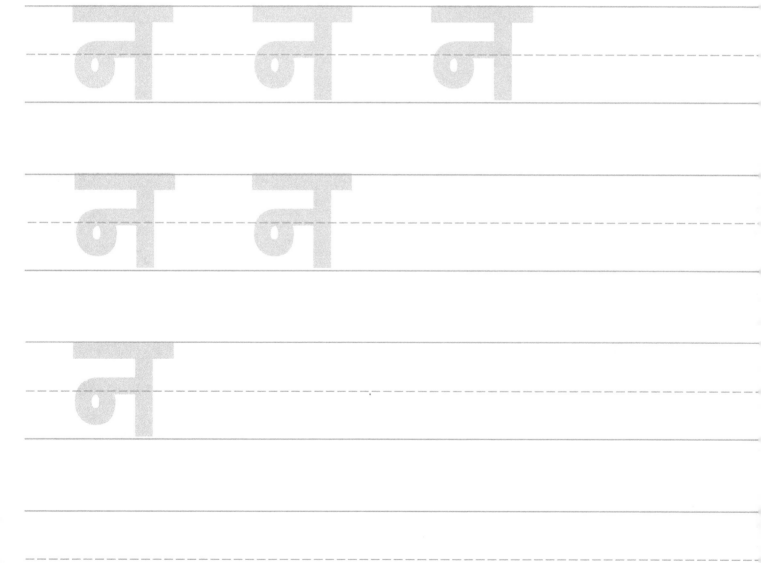

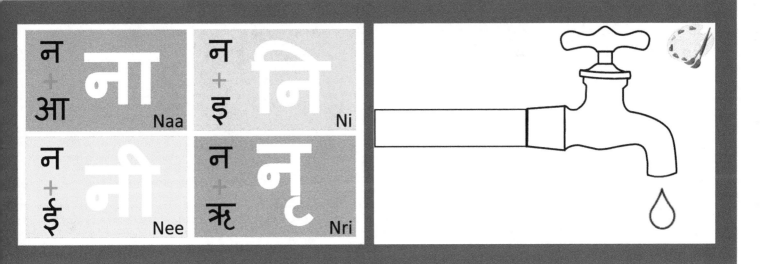

न + आ ना Naa	न + इ नि Ni
न + ई नी Nee	न + ऋ नृ Nri

ना ना

नि नि

नी नी

नृ नृ

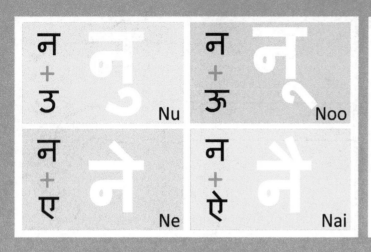

न + उ	नु Nu	न + ऊ	नू Noo
न + ए	ने Ne	न + ऐ	नै Nai

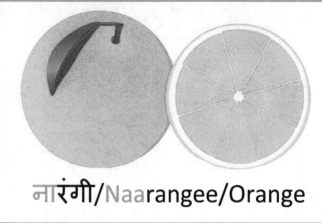

नारंगी/Naarangee/Orange

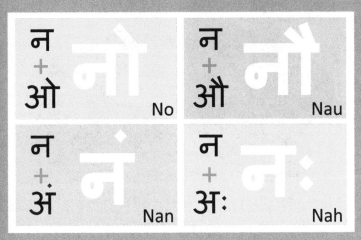

न + ओ नो No	न + औ नौ Nau
न + अं नं Nan	न + अः नः Nah

नो नो

नौ नौ

नं नं

नः नः

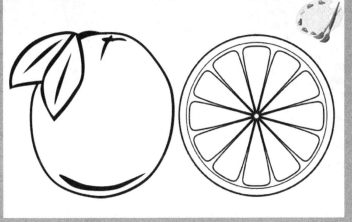

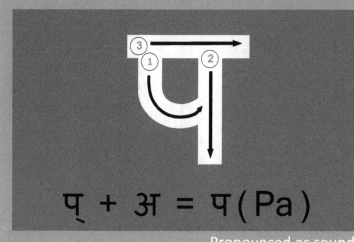

प् + अ = प (Pa)

पपीता/Papeetaa/Papaya

Pronounced as sound of " p " in " Pumpkin "

प प प

प प

प

प + आ	पा Paa	प + इ	पि Pi
प + ई	पी Pee	प + ऋ	पृ Pri

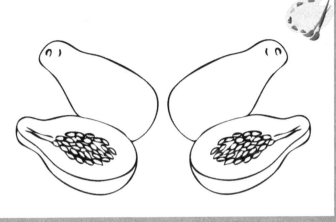

पा पा

पि पि

पी पी

पृ पृ

Consonant + Vowel - पा, पि, पी, पृ

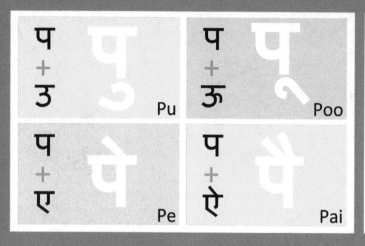

प + उ = पु Pu	प + ऊ = पू Poo
प + ए = पे Pe	प + ऐ = पै Pai

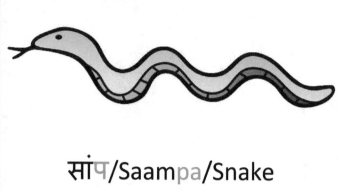

सांप/Saampa/Snake

पु पु

पू पू

पे पे

पै पै

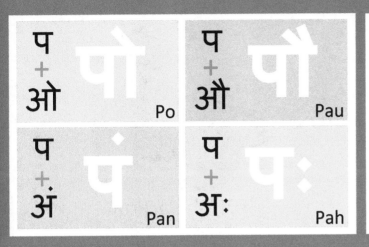

प + ओ पो Po

प + औ पौ Pau

प + अं पं Pan

प + अः पः Pah

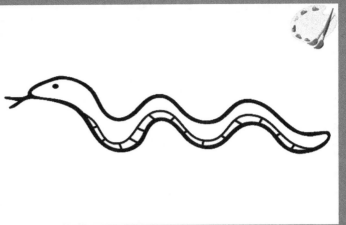

पो पो

पौ पौ

पं पं

पः पः

© I Know My ABC Inc. 111 Consonant + Vowel - पो, पौ, पं, पः

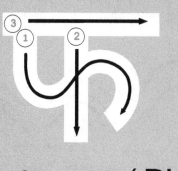

फ् + अ = फ (Pha)

फल/Phala/Fruit

Pronounced as sound of " f " in " Firm "

फ फ फ

फ फ

फ

फ + आ **फा** Phaa	फ + इ **फि** Phi
फ + ई **फी** Phee	फ + ऋ **फृ** Phri

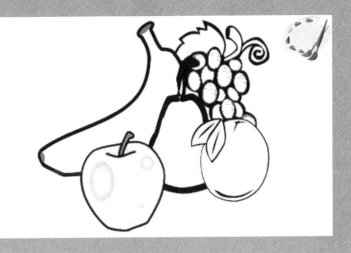

फा फा

फि फि

फी फी

फृ फृ

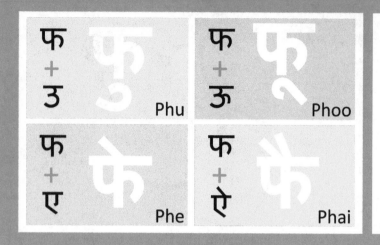

फ + उ फु Phu

फ + ऊ फू Phoo

फ + ए फे Phe

फ + ऐ फै Phai

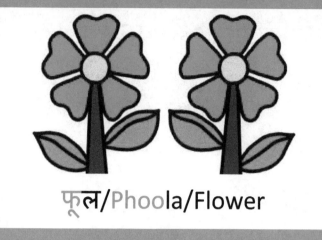

फूल/Phoola/Flower

फु फु

फू फू

फे फे

फै फै

फ + ओ फो Pho

फ + औ फौ Phau

फ + अं फं Phan

फ + अः फः Phah

फो फो

फौ फौ

फं फं

फः फः

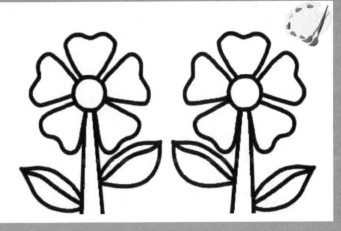

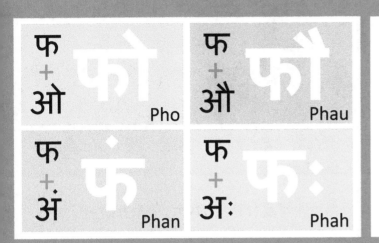

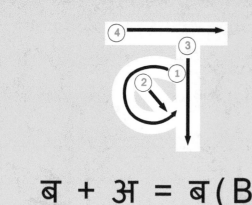

ब् + अ = ब (Ba)

बंदर/Bandara/Monkey

Pronounced as sound of " b " in " Bubble "

ब + आ = बा Baa	ब + इ = बि Bi
ब + ई = बी Bee	ब + ऋ = बृ Bri

बा बा

बि बि

बी बी

बृ बृ

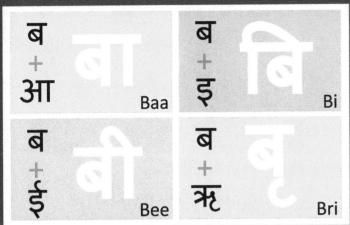

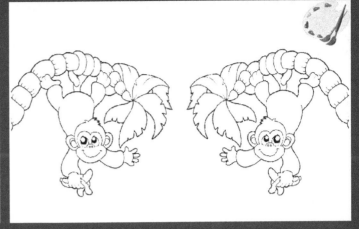

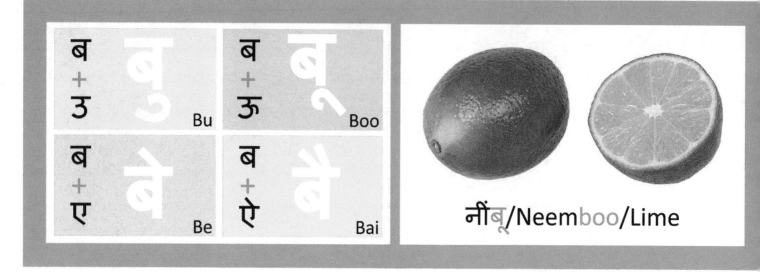

ब + उ = बु Bu	ब + ऊ = बू Boo
ब + ए = बे Be	ब + ऐ = बै Bai

नींबू/Neemboo/Lime

बु बु

बू बू

बे बे

बै बै

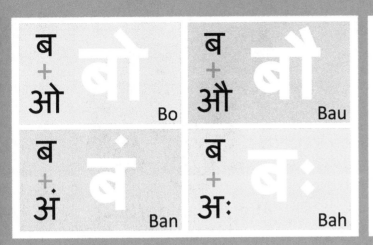

ब + ओ = बो Bo	ब + औ = बौ Bau
ब + अं = बं Ban	ब + अः = बः Bah

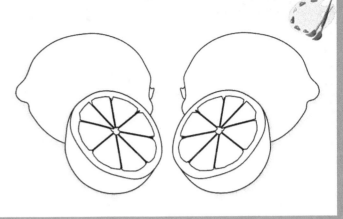

बो बो

बौ बौ

बं बं

बः बः

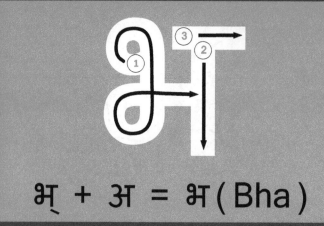

भ् + अ = भ (Bha)

भालू/Bhaaloo/Bear

Pronounced as sound of "b" and "h" together as in "Bhaji"

भ भ भ

भ भ

भ

भ + आ	भा Bhaa	भ + इ	भि Bhi
भ + ई	भी Bhee	भ + ऋ	भृ Bhri

भा भा

भि भि

भी भी

भृ भृ

 Consonant + Vowel - भा, भि, भी, भृ

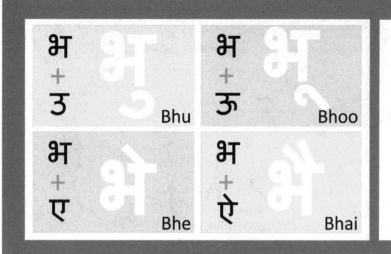

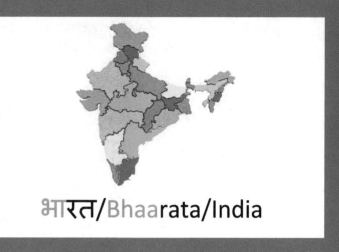

भ + उ = भु Bhu

भ + ऊ = भू Bhoo

भ + ए = भे Bhe

भ + ऐ = भै Bhai

भारत/Bhaarata/India

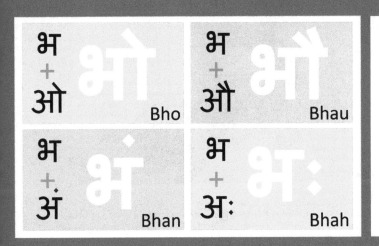

भ + ओ = भो Bho	भ + औ = भौ Bhau
भ + अं = भं Bhan	भ + अः = भः Bhah

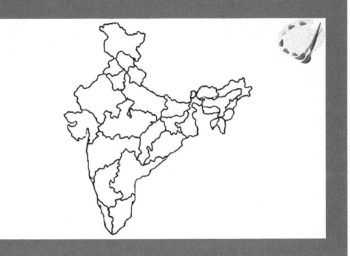

भो भो

भौ भौ

भं भं

भः भः

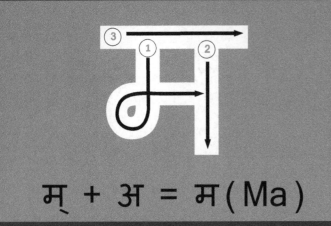

म् + अ = म (Ma)

मगरमच्छ/Magaramachchha/Crocodile

Pronounced as sound of " m " in " Mother "

म म म

म म

म

म + आ	मा Maa	म + इ	मि Mi
म + ई	मी Mee	म + ऋ	मृ Mri

मा मा

मि मि

मी मी

मृ मृ

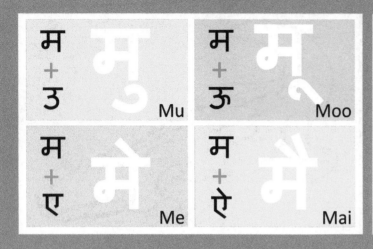

म + उ = मु Mu	म + ऊ = मू Moo
म + ए = मे Me	म + ऐ = मै Mai

मच्छर/Machchhara/Mosquito

मु मु

मू मू

मे मे

मै मै

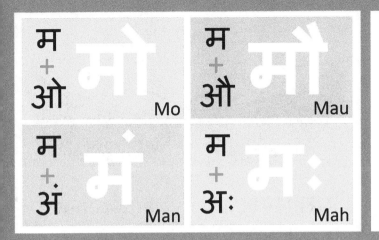

म + ओ	मो Mo	म + औ	मौ Mau
म + अं	मं Man	म + अः	मः Mah

मो मो

मौ मौ

मं मं

मः मः

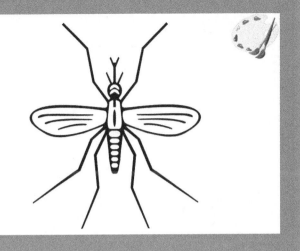

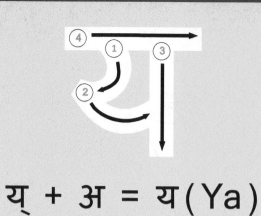

य् + अ = य (Ya)

नारियल/Naariyala/Coconut

Pronounced as sound of “ ye ” in “ Yes ”

य य य

य य

य

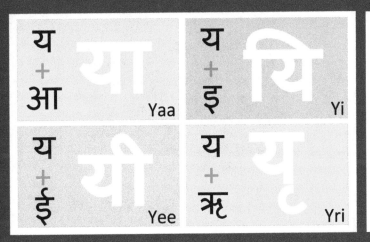

य + आ = या Yaa

य + इ = यि Yi

य + ई = यी Yee

य + ऋ = यृ Yri

या या

यि यि

यी यी

यृ यृ

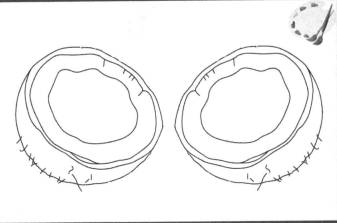

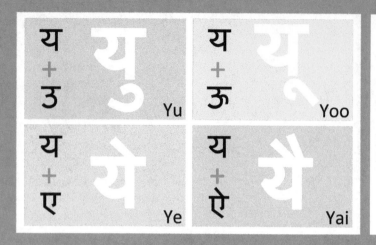

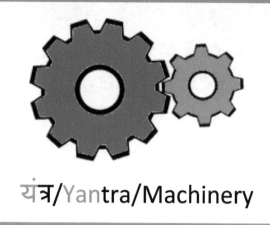

य + उ = यु Yu	य + ऊ = यू Yoo
य + ए = ये Ye	य + ऐ = यै Yai

यंत्र/Yantra/Machinery

यु यु

यू यू

ये ये

यै यै

य + ओ	यो Yo	य + औ	यौ Yau
य + अं	यं Yan	य + अः	यः Yah

यो यो

यौ यौ

यं यं

यः यः

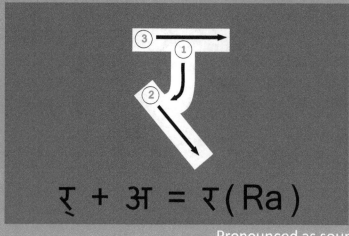

र् + अ = र (Ra)

रेलगाड़ी/Relagaadee/Train

Pronounced as sound of " ru " in " Run "

र र र

र र

र

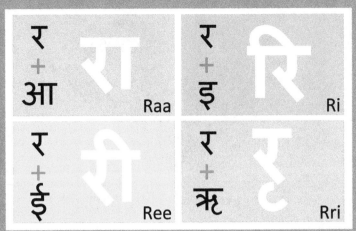

र + आ	रा Raa	र + इ	रि Ri
र + ई	री Ree	र + ऋ	रृ Rri

रा रा

रि रि

री री

रृ रृ

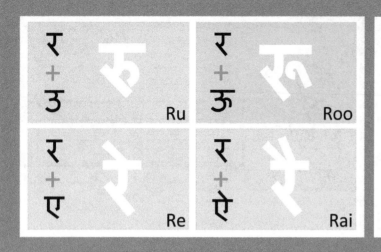

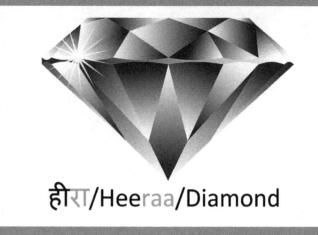

र + उ रु Ru

र + ऊ रू Roo

र + ए रे Re

र + ऐ रै Rai

हीरा/Heeraa/Diamond

रु रु

रू रू

रे रे

रै रै

र + ओ	रो	Ro	
र + औ	रौ	Rau	
र + अं	रं	Ran	
र + अः	रः	Rah	

रो रो

रौ रौ

रं रं

रः रः

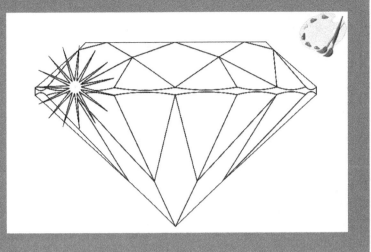

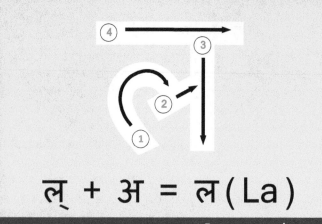

ल् + अ = ल (La)

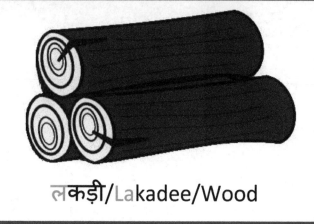

लकड़ी/Lakadee/Wood

Pronounced as sound of “ lo ” in “ Love ”

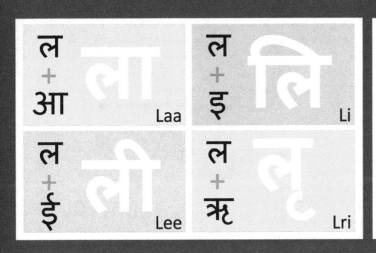

ल + आ ला Laa	ल + इ लि Li
ल + ई ली Lee	ल + ऋ लृ Lri

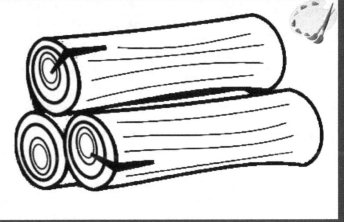

ला ला

लि लि

ली ली

लृ लृ

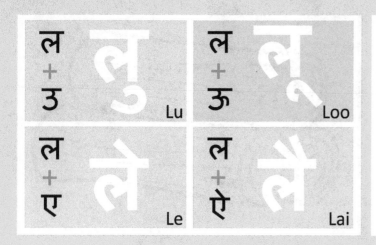

ल + उ लु Lu

ल + ऊ लू Loo

ल + ए ले Le

ल + ऐ लै Lai

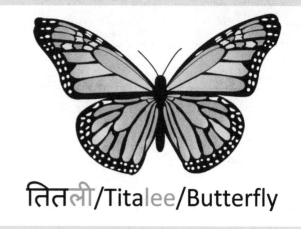

तितली/Titalee/Butterfly

लु लु

लू लू

ले ले

लै लै

ल + ओ	लो Lo	ल + औ	लौ Lau
ल + अं	लं Lan	ल + अः	लः Lah

लो लो

लौ लौ

लं लं

लः लः

Consonant + Vowel - लो, लौ, लं, लः

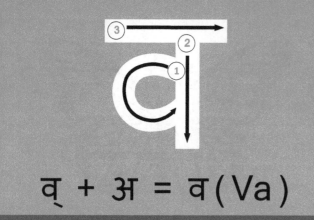

व् + अ = व (Va)

वन/Vana/Jungle

Pronounced as sound of " wo " in " Work "

व व व

व व

व

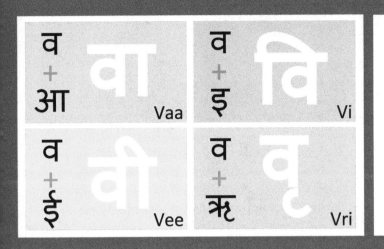

व + आ	वा Vaa	व + इ	वि Vi
व + ई	वी Vee	व + ऋ	वृ Vri

वा वा

वि वि

वी वी

वृ वृ

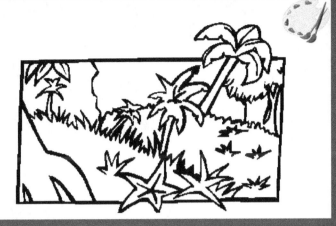

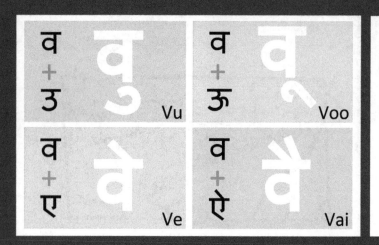

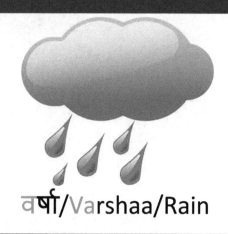

व + उ = वु Vu

व + ऊ = वू Voo

व + ए = वे Ve

व + ऐ = वै Vai

वर्षा/Varshaa/Rain

वु वु

वू वू

वे वे

वै वै

व + ओ	वो Vo	व + औ	वौ Vau
व + अं	वं Van	व + अः	वः Vah

वो वो

वौ वौ

वं वं

वः वः

Consonant + Vowel - वो, वौ, वं, वः

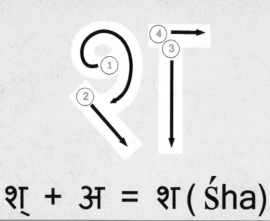

श् + अ = श (Śha)

शलजम/Shalajama/Turnip

Pronounced as sound of " sh " in " Shut "

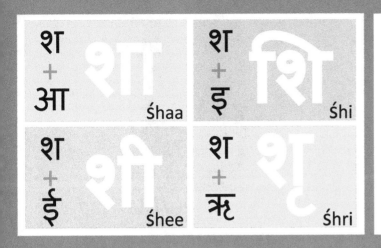

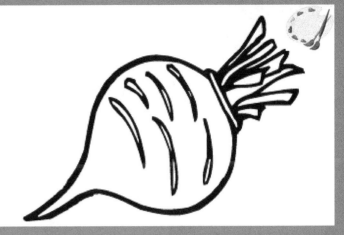

श + आ = शा Śhaa	श + इ = शि Śhi
श + ई = शी Śhee	श + ऋ = शृ Śhri

शा शा

शि शि

शी शी

शृ शृ

श + उ = शु	Śhu
श + ऊ = शू	Śhoo
श + ए = शे	Śhe
श + ऐ = शै	Śhai

शादी/Shaadee/Marriage

शु शु

शू शू

शे शे

शै शै

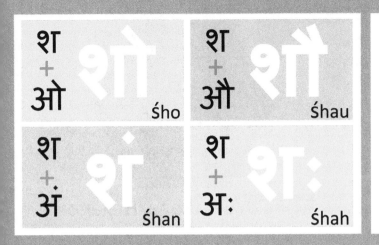

श + ओ **शो** śho	श + औ **शौ** śhau
श + ं **शं** śhan	श + ः **शः** śhah

शो शो

शौ शौ

शं शं

शः शः

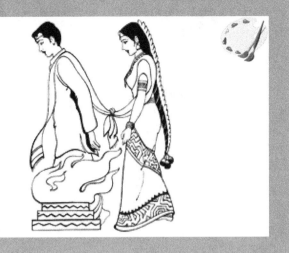

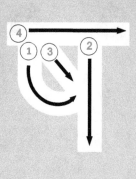

ष् + अ = ष (Ṣha)

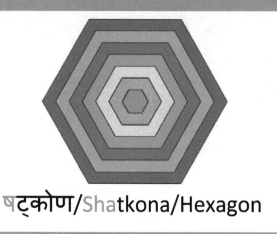

षट्कोण/Shatkona/Hexagon

ष + आ	षा Ṣha	ष + इ	षि Ṣhi
ष + ई	षी Ṣhee	ष + ऋ	षृ Ṣhri

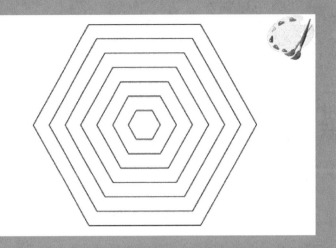

षा षा

षि षि

षी षी

षृ षृ

Consonant + Vowel - षा, षि, षी, षृ

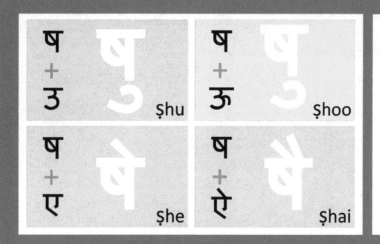

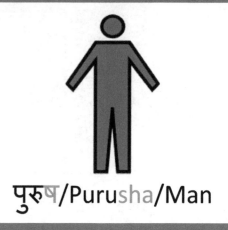

ष + उ = षु Ṣhu	ष + ऊ = षू Ṣhoo
ष + ए = षे Ṣhe	ष + ऐ = षै Ṣhai

पुरुष/Purusha/Man

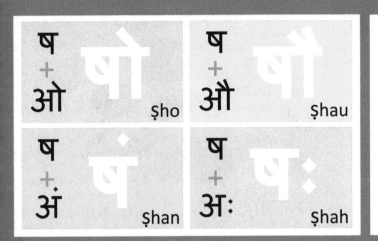

ष + ओ	षो ṣho	ष + औ	षौ ṣhau
ष + अं	षं ṣhan	ष + अः	षः ṣhah

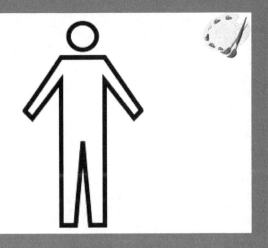

Consonant + Vowel - षो, षौ, षं, षः

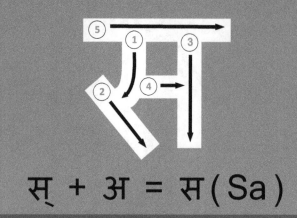

स् + अ = स (Sa)

सब्ज़ी/Sabzee/Vegetables

Pronounced as sound of " sa " in " Saloon "

स स स

स स

स

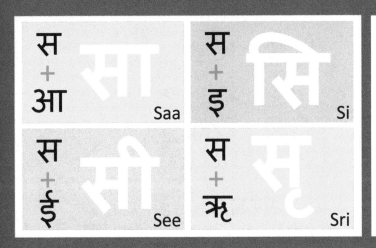

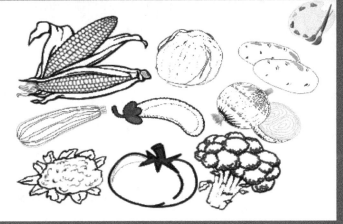

स + आ **सा** Saa	स + इ **सि** Si
स + ई **सी** See	स + ऋ **सृ** Sri

सा सा

सि सि

सी सी

सृ सृ

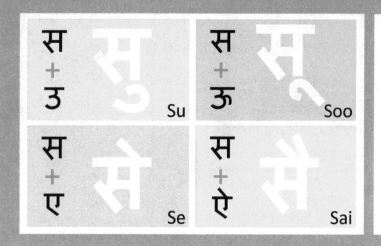

स + उ सु Su

स + ऊ सू Soo

स + ए से Se

स + ऐ सै Sai

सूरज/Sooraja/Sun

सु सु

सू सू

से से

सै सै

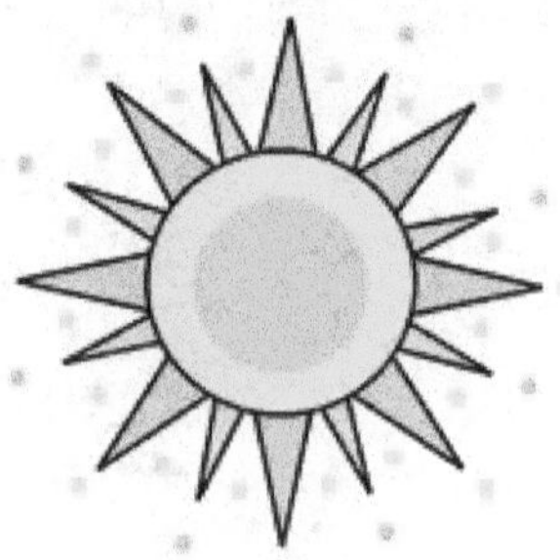

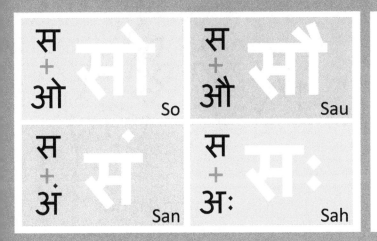

स + ओ = सो (So)	स + औ = सौ (Sau)
स + अं = सं (San)	स + अः = सः (Sah)

सो सो

सौ सौ

सं सं

सः सः

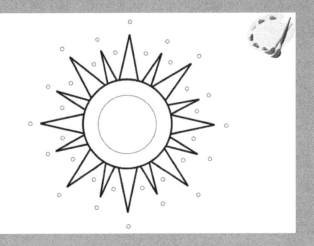

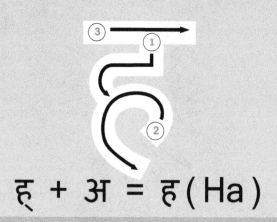

ह् + अ = ह (Ha)

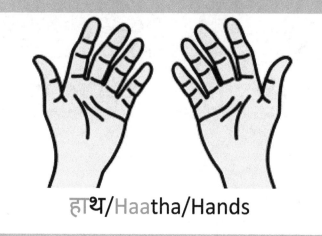

हाथ/Haatha/Hands

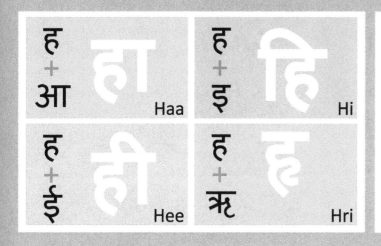

ह + आ हा Haa	ह + इ हि Hi
ह + ई ही Hee	ह + ऋ हृ Hri

हा हा

हि हि

ही ही

हृ हृ

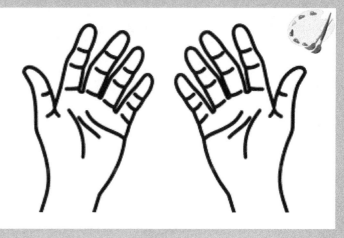

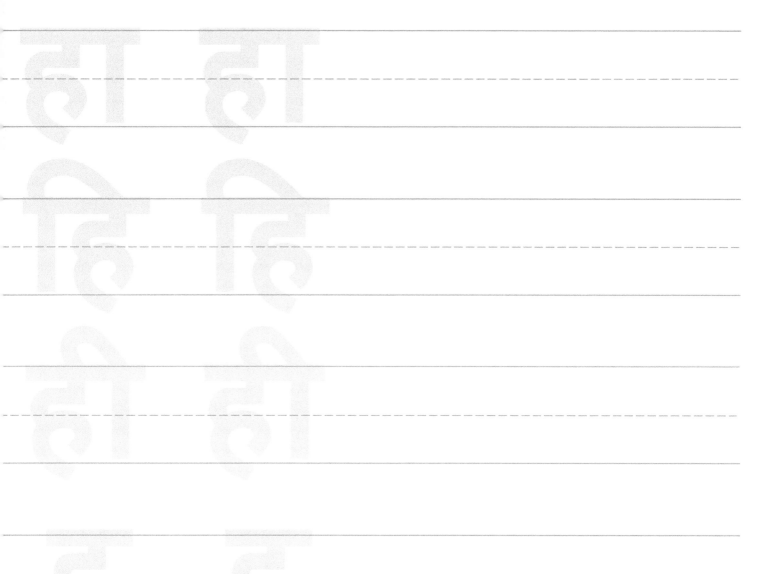

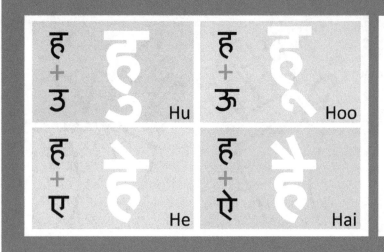

ह + उ	हु	Hu
ह + ऊ	हू	Hoo
ह + ए	हे	He
ह + ऐ	है	Hai

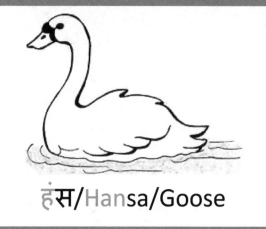

हंस/Hansa/Goose

ह + ओ	हो Ho	ह + औ	हौ Hau
ह + अं	हं Han	ह + अः	हः Hah

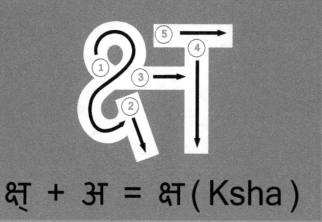

क्ष् + अ = क्ष (Ksha)

Pronounced as sound of " ksh " in " Rickshaw "

क्षत्रिय/Kshatriya/Soldier

क्ष क्ष क्ष

क्ष क्ष

क्ष

क्ष + आ	क्षा Kshaa	क्ष + इ	क्षि Kshi
क्ष + ई	क्षी Kshee	क्ष + ऋ	क्षृ Kshri

क्षा क्षा

क्षि क्षि

क्षी क्षी

क्षृ क्षृ

© I Know My ABC Inc. 161 Consonant + Vowel - क्षा, क्षि, क्षी, क्षृ

क्ष + उ क्षु Kshu	क्ष + ऊ क्षू Kshoo
क्ष + ए क्षे Kshe	क्ष + ऐ क्षै Kshai

कक्षा/Kakshaa/Classroom

क्षु क्षु

क्षू क्षू

क्षे क्षे

क्षै क्षै

क्ष + ओ = क्षो Ksho

क्ष + औ = क्षौ Kshau

क्ष + अं = क्षं Kshan

क्ष + अः = क्षः Kshah

क्षो क्षो

क्षौ क्षौ

क्षं क्षं

क्षः क्षः

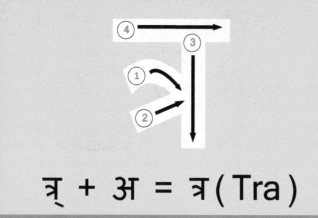

त्र् + अ = त्र (Tra)

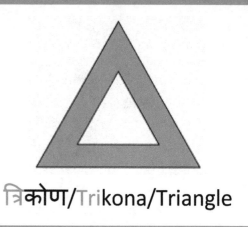

त्रिकोण/Trikona/Triangle

| त्र + आ | त्रा Traa | त्र + इ | त्रि Tri |
| त्र + ई | त्री Tree | त्र + ऋ | तृ Trri |

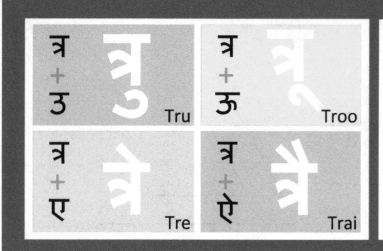

त्र + उ = त्रु Tru

त्र + ऊ = त्रू Troo

त्र + ए = त्रे Tre

त्र + ऐ = त्रै Trai

त्रिशूल/Trishoola/Trident

त्रु त्रु

त्रू त्रू

त्रे त्रे

त्रै त्रै

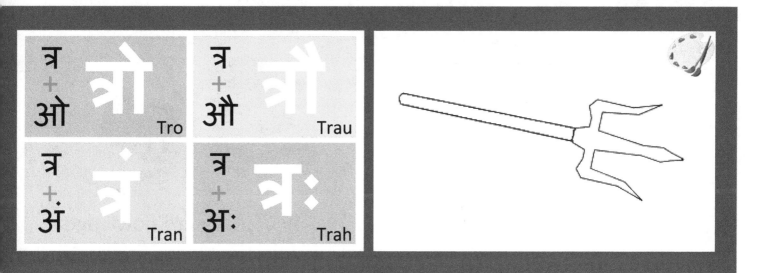

त्र + ओ **त्रो** Tro	त्र + औ **त्रौ** Trau
त्र + अं **त्रं** Tran	त्र + अः **त्रः** Trah

त्रो त्रो

त्रौ त्रौ

त्रं त्रं

त्रः त्रः

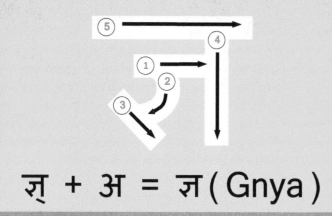

ज्ञ् + अ = ज्ञ (Gnya)

ज्ञान/Gnyaana/Knowledge

Pronounced as sound of " gna "

ज्ञ ज्ञ ज्ञ

ज्ञ ज्ञ

ज्ञ

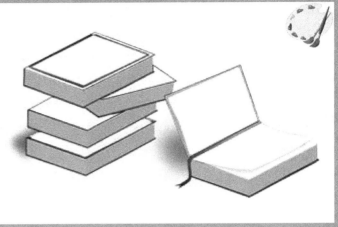

ज्ञ + आ ज्ञा Gnyaa	ज्ञ + इ ज्ञि Gnyi
ज्ञ + ई ज्ञी Gnyee	ज्ञ + ऋ ज्ञृ Gnyri

ज्ञा ज्ञा

ज्ञि ज्ञि

ज्ञी ज्ञी

ज्ञृ ज्ञृ

ज्ञ + उ = ज्ञु Gnyu	ज्ञ + ऊ = ज्ञू Gnyoo
ज्ञ + ए = ज्ञे Gnye	ज्ञ + ऐ = ज्ञै Gnyai

यज्ञ/Yagnya/Holy Fire

ज्ञु ज्ञु

ज्ञू ज्ञू

ज्ञे ज्ञे

ज्ञै ज्ञै

ज्ञ + ओ	ज्ञो Gnyo	ज्ञ + औ	ज्ञौ Gnyau
ज्ञ + अं	ज्ञं Gnyan	ज्ञ + अः	ज्ञः Gnyah

ज्ञो ज्ञो

ज्ञौ ज्ञौ

ज्ञं ज्ञं

ज्ञः ज्ञः

Consonant + Vowel - ज्ञो, ज्ञौ, ज्ञं, ज्ञः

एक (Eka)   One (1)

एक शेर / One Lion

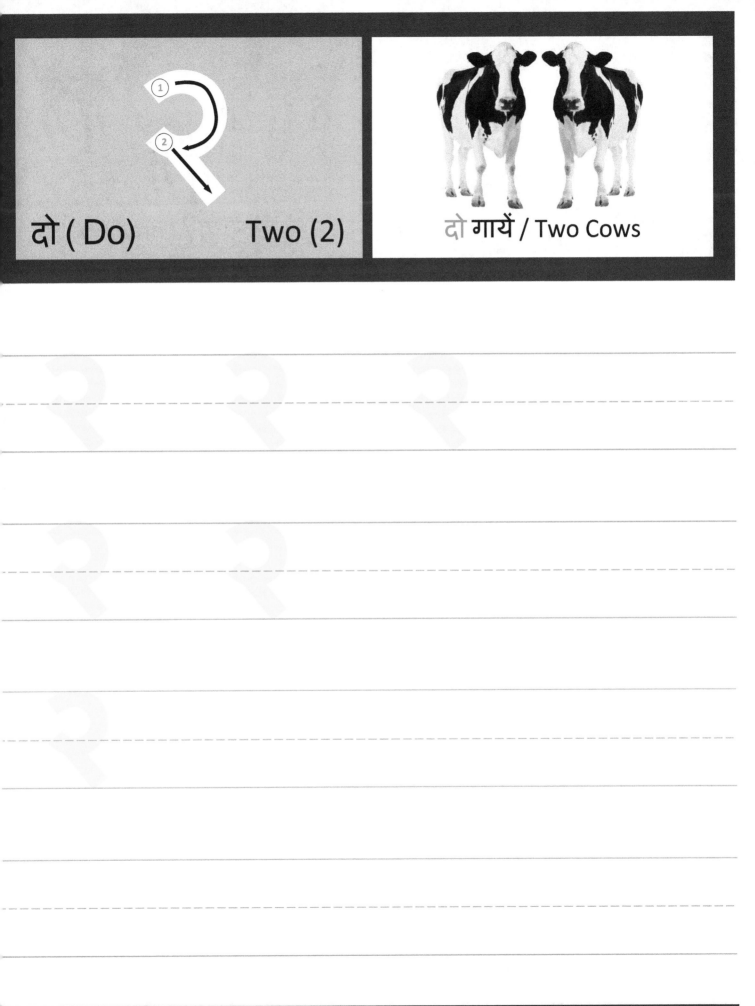

दो (Do) Two (2)

दो गायें / Two Cows

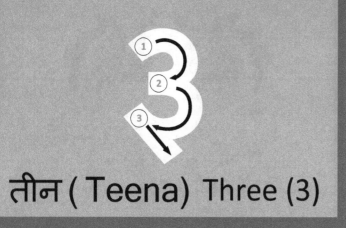

तीन (Teena) Three (3)

तीन बकरीया / Three Goats

चार (Chaara) Four (4)

चार कुत्ते / Four Dogs

पांच (Pancha) Five (5)

पांच बिल्लिया / Five Cats

छै (Che)   Six (6)

छै चिड़िया / Six Birds

सात (Saata) Seven (7)

सात मुर्गीया / Seven Chickens

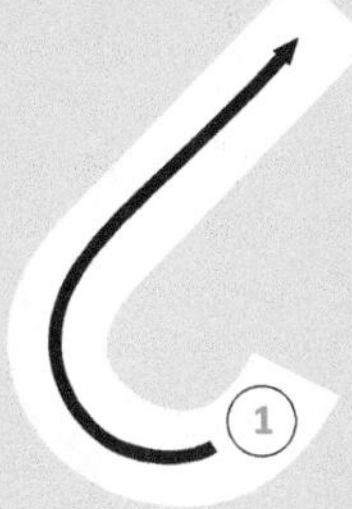

आठ (Atha)   Eight (8)

आठ तोते / Eight Parrots

नौ (Nau)   Nine (9)

नौ घोड़े / Nine Horses

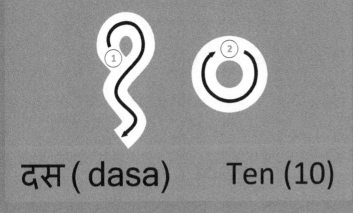

दस (dasa) Ten (10)

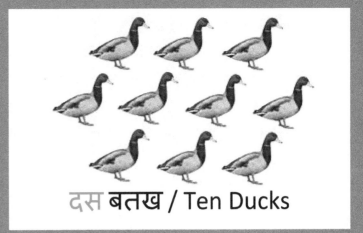

दस बतख / Ten Ducks

१० १० १०

१० १०

१०

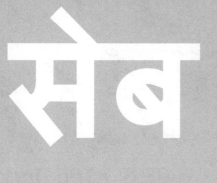

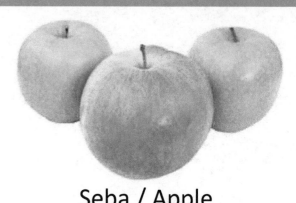

सेब

Seba / Apple

सेब सेब

सेब सेब

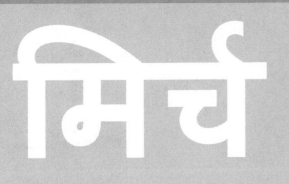

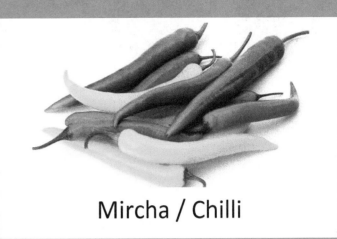

मिर्च

Mircha / Chilli

मिर्च मिर्च

मिर्च मिर्च

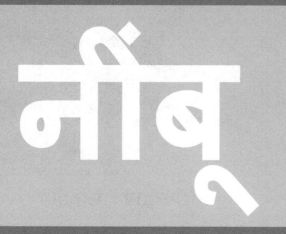

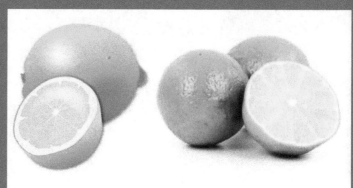

नींबू

Neemboo / Lemon-Lime

नींबू नींबू

नींबू नींबू

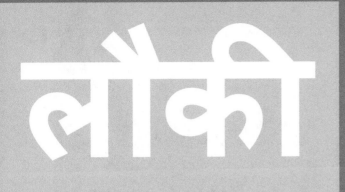

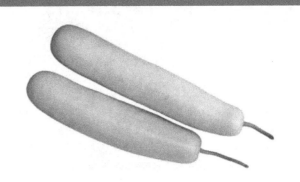

लौकी

Laukee / Opo Squash

लौकी लौकी

लौकी लौकी

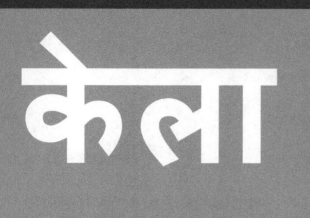

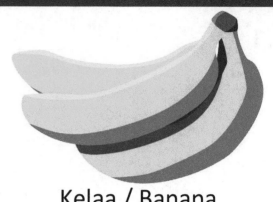

केला

Kelaa / Banana

केला केला
केला केला

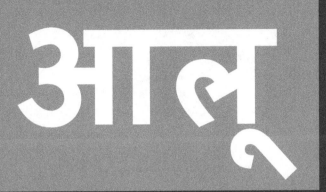

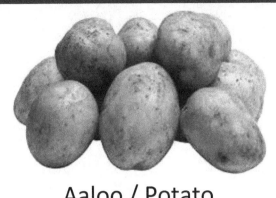

आलू

Aaloo / Potato

आलू आलू

आलू आलू

भिंडी

Bhindee / Okra

भिंडी भिंडी

भिंडी भिंडी

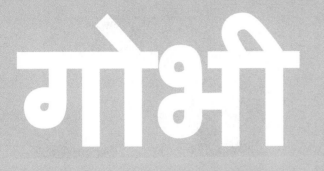

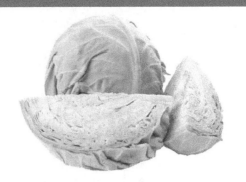

गोभी

Gobhee / Cabbage

गोभी गोभी

गोभी गोभी

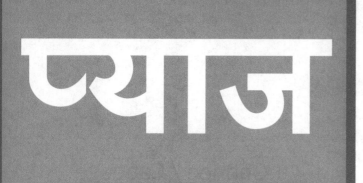

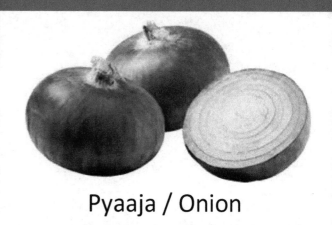

प्याज

Pyaaja / Onion

प्याज प्याज

प्याज प्याज

Baingana / Eggplant

बैंगन बैंगन

बैंगन बैंगन

191 Word Tracing - बैंगन

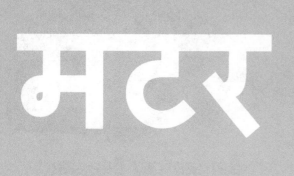

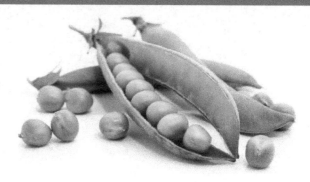

मटर

Matara / Peas

मटर मटर

मटर मटर

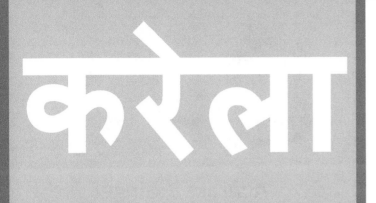

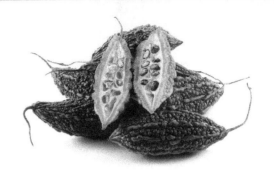

करेला

Karelaa / Bittermelon

करेला करेला

करेला करेला

अदरक

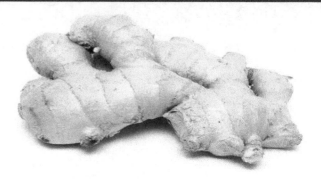

Adaraka / Ginger

अदरक अदरक

अदरक अदरक

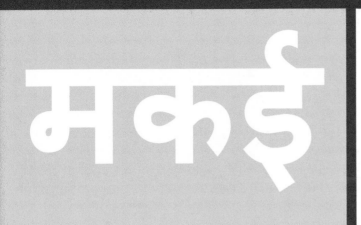

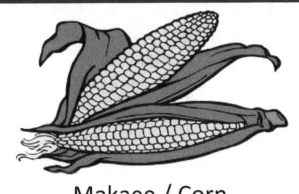

मकई

Makaee / Corn

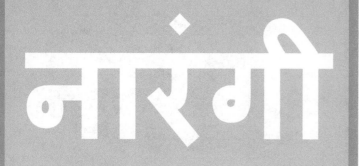

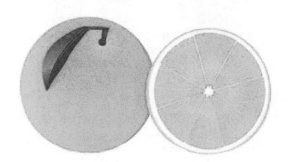

नारंगी

Naarangee / Orange

नारंगी नारंगी

नारंगी नारंगी

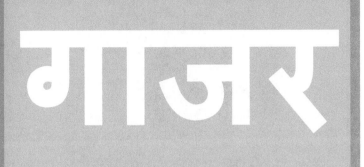

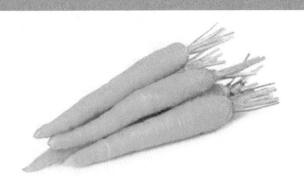

गाजर

Gaajara / Carrot

गाजर गाजर

गाजर गाजर

अंगूर

Angoora / Grape

अंगूर अंगूर

अंगूर अंगूर

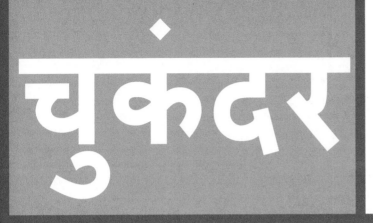

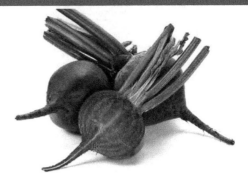

चुकंदर

Chukandara / Beetroot

चुकंदर चुकंदर

चुकंदर चुकंदर

बहुत अच्छा,

अब

Name / नाम

को हिन्दी

में लिखना

आता है!